KB193529

45일의 성경 읽기
산상수훈

45 Days of Bible Reading, Sermon on the Mount

구모영 지음

하나님의 사람을 만들어 가는 **엘맨** ELMAN

45일의 성경 읽기
산상수훈

1쇄	2025년 3월 13일
지은이	구모영
펴낸이	이규종
펴낸곳	엘맨출판사
등록번호	제13-1562호(1985.10.29.)
등록된곳	서울시 마포구 토정로 222
	한국출판콘텐츠센터 422-3
전화	(02) 323-4060, 6401-7004
팩스	(02) 323-6416
이메일	elman1985@hanmail.net
	www.elman.kr

ISBN   978-89-5515-810-6 03230

값 12,000 원

"산상수훈은, 율법을 지킨 공로로 구원에 이르는
유대 율법주의가 아니라,
하나님의 은혜로 구원받은 백성들이,
세상에서 구별된 삶을 살아내기 위하여
어떻게 몸부림쳐야 하는가를 교훈하는, 주님의 말씀입니다."

프롤로그

혼돈의 시대, 무질서와 방황의 시대처럼 각자 소견대로 사는 시대를 만난 우리, 특히 요즈음 기독교인으로 산다는 것이 얼마나 힘들고 고통스러운 삶인지 뼈저리게 느낍니다. 따라서 이러한 시대를 살고 있는 우리는 무엇보다 산상수훈(山上垂訓) 또는 산상보훈(山上寶訓)이라고 칭하는 마태복음 5장 내지 7장의 말씀을 함께 상고하는 것은 매우 의미가 있을 것 같습니다.

그래서 참으로 무모한 짓일지 모르지만, 우리 시대에 온갖 가치관이 세대와 시대를 넘나들며 영향을 미치고 있는 이즈음에, 주님께서 직접 공생애 동안 제자들과 무리를 향하여 말씀하신 내용을 한 절, 한 절 깊이 상고하면서, 이 시대에 우리 그리스도인들은 어떻게 복음에 반응해야 하며, 또한 세상에 발을 딛고 사는 우리가, 어떻게 세상 사람들과 구분된 삶을 살아낼 것인가에 대하여 살피고자, 감히 펜을 들었습니다.

성경은 세상의 윤리 교과서가 아니기에, 세상 윤리의 모범을 제시할 생각은 없습니다. 그러나 세상의 모든 도덕과 윤리는 종교에 뿌리를 내리고 있다는 점 인정하기에, 세상의 법과 관습과 윤리를 넘어, 그 너머에 있는 규범의 본질을 찾아보는 것 또한 의미가 있다고 봅니다. 특히 기독교인으로서 여기 산상수훈을 살피는 것은, 구원받은 백성이 세상을 향한 반응이기 때문에 매우 중요한 것 같습니다. 다만 여기 제시되는 말씀들은, 죄로 인하여 타락한 우리 인생이 완벽하게 실천할 수 없는 현존재임도 확인할 것입니다.

산상수훈은, 율법을 지킨 공로로 구원에 이르는 유대 율법주의가 아니라, 하나님의 은혜로 구원받은 백성들이, 세상을 향하여 구별된 삶을 살아내기 위하여, 어떻게 몸부림쳐야 하는가를 교훈하는, 주님의 말씀입니다. 주제넘게도 이런 글을 쓰는 저는 목회자가 아니라 평신도입니다. 이점, 독자 여러분의 넓은 이해를 바라며, "45일의 성경 읽기 산상수훈"을 열고자 합니다.

彦陽 寓居에서 구모영씀

차례

마태복음 6장

마태복음 7장

마태복음

5장

마태복음 5장

5장 1절-2절 산상수훈 서론

1 예수께서 무리를 보시고 산에 올라가 앉으시니 제자들이 나
아온지라
2 입을 열어 가르쳐 가라사대

산상수훈 또는 보훈이라 칭하는 것은 1절에서 보는 바와 같
이 예수님께서 산에서 '베풀어 가르치신 교훈의 말씀'이라고 하
여 수훈(垂訓)이라 하기도, 또한 이 말씀이 '보배로운 가르침'이
라 하여 보훈(寶訓)이라고 합니다. 성경은 이 산이 정확하게 어
디였는지 말하고 있지 않지만, 분명히 이 산은 갈릴리 지방에 있
는 산이었을 것이며(마 4:23), 아마 가버나움 부근으로 추정됩니
다(눅 6:17). 그리고 가르침의 대상에 대하여 혹자는 열두 제자
들을 위한 것이라 말하기도 하지만, 나중에 나오는 바와 같이 이
가르침에 따르는 무리가 놀랐다(마 7:28)고 적고 있는 것으로 보

아, 여기서 말하는 "제자들"(οἱ μαθηταὶ) 이란 열두 제자에 한정할 것이 아니라, 수많은 무리를 포함한 것으로 봄이 옳을 것 같습니다. 그리고 2절에 예수께서 "입을 열어 가르쳐 가라사대"라고 할 때의 "입을 열어"(ἀνοίξας τὸ στόμα αὐτοῦ)란 단순히 말하는 표현 정도가 아니라, 신적인 권위로써 엄숙히 말씀을 전하는 행위를 나타내는 유대 문학적인 표현입니다(행 8:35 참조). 그러므로 산상수훈의 말씀은 바로 신적 권위의 말씀임을 먼저 염두에 두어야 합니다.

그리고 지금부터 우리가 살필 예수 그리스도의 가르침은, "천국에 들어가기 위해서는 어떤 삶을 살아야 하는가?", 또는 "어떤 사람이 메시아의 왕국에 들어갈 자격이 있는가?"라는 지침 내지는 천국의 "헌법"을 말하려는 것으로 오해하면 안 됩니다. 오히려 여기 베풀어지는 말씀은 "하나님과 올바른 관계를 유지하는 자가 그 삶을 어떻게 살아내어야 할 것인가?"에 대한 교훈입니다. 따라서 이 말씀은 구원을 얻기 위한 행동 지침 내지는 율법이 아니라, 이미 구원받은 백성, 즉 천국 시민이 아직 이 세상에 있는 동안 세상 사람들과 달리 천국 시민의 신분으로 어떻게 삶을 살아내어야 할 것인가를 가르쳐 주는 말씀입니다. 말하자면 여기 제시된 말씀들은 하나님께서 자기 백성에게 요구하시는 의의 표준인 것입니다. 다만 어떤 기준들은 일반적이기도 하고(6:24), 또 어떤 것들은 구체적이기도 하며(5:41), 나아가 또 어떤 것들은 미래적이기도 합니다(7:22).

그런데 우리 모두 산상수훈의 말씀을 살펴보면 알겠지만, 여기 제시되는 말씀들은 율법을 완벽하게 해석할 뿐만 아니라, 바리새인의 율법주의를 잠재적으로 공격하고, 나아가 참된 믿음과 구원에로의 초대로 끝을 맺습니다(7:13-29). 따라서 우리는 산상수훈, 이 말씀들을 하나씩 접하면서 결코 우리 모두 이 산상수훈의 말씀들을 완벽하게 지킬 수 없는 죄인임을 깨닫게 될 것입니다. 그러나 이 말씀 앞에 섣부른 절망보다는, 구원을 위한 초청에 감사하는 희망을 보아야 합니다. 즉, 이 산상수훈을 통하여 하나님께서 우리를 예수 그리스도를 통한 구원에로의 초대를 더 깊이 확신하는 계기가 되길 바랍니다.

5장 3절 심령이 가난한 자의 복

3 심령이 가난한 자는 복이 있나니 천국이 그들의 것임이요

마태복음 5장 3절 내지 12절은 팔복(八福)을 가르치고 있는데, 3절은 "심령이 가난한 자"(οἱ πτωχοὶ τῷ πνεύματι)는 복이 있나니 "천국이 그들의 것"(Ὅτι αὐτῶν ἐστιν ἡ βασιλεία τῶν οὐρανῶν)임을 말씀합니다. 그렇다면 여기서 말하는 "심령"이란 무엇을 말하는 것일까요? 심령이라는 헬라어는 πνεύματι로, 영어로는 spirit가 됩니다. 이것은 영혼의 근본적 부분으로, 이와 같은 내적인 영혼 속에 "가난함"이 있는 사람을 심령이 가난한 자라 합니다. 그런데 헬라 성경의 본문에는 심령이라는 단어 앞에 τῷ라는 것이 붙어 있어서, 정확히 표현하면 심령 속에(in the spirit/ τῷ πνεύματι), 즉 그의 '영혼의 내면'에 가난함이 있는 사람은 복이 있다는 의미입니다.

그렇다면 영혼의 내면에 가난함이란 무엇을 말하는 것일까요? 이 말 속에는, 영혼의 내면에 궁핍함이 있어, 채우고 또 채우고 싶은 마음을 말한다고 볼 수 있습니다. 즉, 자기 스스로는 이 영혼의 궁핍함을 그 무엇으로도 채울 수 없기에, 누군가를 통하여 이 궁핍함을 채워주시기를 간절히 기대하는 그와 같은 가난한 마음을 말한다고 볼 수 있습니다. 이는 마치 다윗의 시편에서 보는 바와 같이 "사슴이 시냇물을 찾기에 갈급함 같이 내 영혼이 주를 찾기에 갈급하나이다"(시 42:1)라고 고백하는 마음입니다. 따라서 자신의 영적인 가난함은 자기 스스로 충족하는 것은 불가능합니다. 그래서 복 있는 사람은, 하나님의 은혜가 아니면 한계상황에 놓인 절망적인 존재자임을 뼛속 깊이 인식하는 자입니다.

성경은 이러한 상황에 대하여, 위에서 언급한 시편 42편 이외에도, 1) 자기가 할 수 없는 처지와 하나님밖에 도울 자가 없음을 아는 자들(사 61:1; 시 69:29, 70:5, 74:21, 86:1-6; 습 3:12), 2) 하나님 앞에서 오만한 자들과 반대되는 생활을 하기 때문에 그 오만한 자들의 박해를 받는 자들(시 37:14, 86:14), 3) 죄로 인하여 상심하며 회개하는 자들이다(사 66:2; 시 34:6, 18, 51:17) 말합니다. 따라서 이들은 바로 마음이 상한 자들이며, 영혼의 궁핍함을 아는 자들이며, 자신의 부족함을 알아, 자기에게는 의가 없고 오로지 하나님의 도우심과 사유하심만을 기대하는 자들입니다. 그러므로 이러한 자들과 예수님 당시의 바리새인과 서기관들은 너무나 큰 차이가 납니다.

3절 후반 절에는 이와 같은 자들에게 복이 있다고 합니다. 그런데 여기서 말하는 "복"(Μακάριοι)이 흔히들 세상이 말하는 복으로 이해하면 안 됩니다. 세상의 복은 재물과 명예와 권세를 누리는 것 자체를 복이라 하지요. 따라서 가난과 헐벗음과 궁핍함,

그리고 건강치 못한 병약함은 오히려 저주요 불행으로 이해합니다. 아니, 세상만이 아니라 교회 안에서도 이와 같은 복을 참된 복으로 알고 구하고 찾고 두드리며, 말씀 수종자 역시 같은 생각을 가지고 독려(?)하는 소위 기복주의(祈福主義)를 우리는 얼마나 많이 접하고 있는가요! 그런데 성경이 여기서 말하고 있는 복은 그런 복이 아닙니다. 여기서 말하는 복은 행복의 최고급으로, 이 행복은 하나님께서 주시는 안녕, 즉 평안을 의미합니다. 그러므로 이 복은 세상이 추구하고 따라가는 곳에서 만나는 것이 아니라, 하나님 안에서 누리는 것이므로, 세상 사람들은 사실상 느낄 수 없는 행복입니다.

그리고 이처럼 마음이 가난한 자가 복이 있기에, "천국이 그들의 것"이 되는 것입니다. 여기서 말하는 "천국"(ἡ βασιλεία τῶν οὐρανῶν)이란 세속국 또는 세상과는 구별되는 하나님께서 통치하시는 나라를 말합니다. 그래서 '주님께서 가르쳐 주신 기도'에도 "뜻이 하늘에서 이루어진 것같이 땅에서도 이루어지이다"라고 시작합니다. 그런데 이러한 천국이 내세에만 우리가 바랄 수 있는 것이라 보면 안 됩니다. 천국은 이미 시작되었고 이루어지고 있습니다. 왜냐하면 하나님의 영적인 통치가 이루어지고 있는 곳, 천국은 현세에서는 성령님이 역사하시는 참교회로 나타나고 있기 때문입니다. 따라서 천국은 이미와 아직이라는 것이 공존하는 곳입니다. 특히 세례요한이 "회개하라 천국이 가까이 왔느니라"(마 3:2)고 외침에서 알 수 있듯이, 예수님의 오심과 그의 통치를 통하여 이미 시작되었고, 그의 다시 오심을 통하여 완성될 것입니다. 그러므로 지금은 천국이 신자들의 마음을 통치하는 하늘의 영적 통치에서 드러나지만(눅 17:21), 언젠가는 문자적으로 이 땅의 왕국으로 설 것입니다(계 20:46).

심령이 가난한 자, 그에게는 세상이 말하는 복과는 다른 고차원의 행복, 즉 하나님의 은혜로부터 평안의 복을 누리며, 또한 이들에게는 이미와 아직 사이에 하나님의 통치하심을 받는 천국이 그들의 것입니다.

5장 4절 애통하는 자의 복

4 애통하는 자는 복이 있나니 저희가 위로를 받을 것임이요

마태복음 5장의 팔복 중 여기서는 두 번째 "애통하는 자의 복"에 대하여 살피기로 하겠습니다. 먼저 여기서 말하는 "애통하는

자"란 어떤 자를 의미하는지를 살피고, 다음에 그런 자가 "위로"를 받을 것임이라 한 것처럼, "위로"의 의미가 무엇인지 살피고자 합니다.

4절의 "애통하는 자"(οἱ πενθοῦντες)란 혹자는 자기 밖의 환경으로부터 오는 고난과 핍박에 대하여 신음하는 것으로 보기도 하지만, 여기서 말하는 애통의 의미는 이와 같은 것으로 보기엔 복음의 성격상 동의하기 어렵습니다. 여기서 말하는 애통함이란 자신의 상황을 볼 때 도저히 의로운 데라고는 찾기 어렵고, 오히려 죄에 빠지기 더 쉬운 존재라는 한계상황을 깨닫고, 통회하며 자복하는 회개로 나아가는, 한탄하며 신음하는 모습(mourning)을, 애통이라 보아야 할 것 같습니다. 즉, 애통은 죄에 대한 애통으로, 이와 같은 애통은 후회 없는 구원으로 이끄는 회개를 낳는 경건한 슬픔입니다. 그래서 성경은 "하나님의 뜻대로 하는 근심은 후회할 것이 없는, 구원에 이르게 하는 회개를 이루는 것이요, 세상의 근심은 사망을 이루는 것이니라"라고 적고 있습니다 (고후 7:10).

그리고 4절 후반 절에서는 이와 같이 애통하는 자는 복이 있나니, "저희가 위로를 받을 것임이요"라고 합니다. 여기서 말하는 "위로"(παρακληθήσονται/ paraklēthēsontai)는 세상적인 의미에서 본다면 따뜻한 말이나 행동으로 괴로움을 덜어주거나 슬픔을 달래주는 것을 말하겠지만, 본래적 의미는 세상적인 위로의 의미를 넘어선 위로를 말합니다. 즉, 여기 위로라는 παρακληθήσονται는 παρακαλέω(parakaleó)에서 온 것으로, 이는 문자적으로 보면 "para곁으로 kaleó부르다"(to call near)라는 의미를 지니고 있습니다.

또한 보혜사 성령님을 헬라어로 Παράκλητος(Paraklētos)라 하는데, 이것도 앞의 '위로'와 동일한 어근을 가지고 있는 말입니다. 따라서 이와 같은 '위로'는 곁으로 불러 보살피고 권면하시는 보혜사 성령님의 자상하고 부드러운 성품 속에서 더 잘 확인할 수 있습니다. 그러므로 참회와 회개를 통하여 애통하는 자는 복이 있는데, 그에게 주어지는 것은 위로입니다. 그리고 이 위로는 보혜사 성령님의 도움을 따라, 사죄와 구원의 은총에 이르는 위로이며(사 40:1, 2 참조), 애통하는 자는 하나님의 자녀로, 그의 '곁으로 부르시는' 것을 말합니다. 이것이 바로 세상이 주는 위로와 다른 참된 위로입니다.

5장 5절 온유한 자의 복

5 온유한 자는 복이 있나니 저희가 땅을 기업으로 받을 것임이요

우리는 앞서 팔복 중 두 가지, 즉 심령이 가난한 자와 애통하는 자의 복에 대하여 살폈습니다. 이제 팔복 중 세 번째인 온유한 자의 복에 대하여 살펴보기로 하겠습니다. 우리는 먼저 "온유한 자"는 어떤 사람을 말하는지? 그리고 그가 "땅을 기업으로 받을 것"이라 하였는데, 그 의미가 무엇인지에 대하여 살피고자 합니다.

5절은 "온유한 자"(οἱ πραεῖς)로 시작되는데, 여기서 말하는 "온유한 자"(meek)란 조급하거나 경솔하거나, 또는 유약하거나 비겁하지 않는, 모든 악한 행실과 반대되는 의미로, 유화(柔和)롭고 신축성 있는 아름다운 덕을 소유한 자를 말합니다. 따라서 이런 자들은 비록 그가 강한 힘을 가졌더라도 결코 그 힘을 함부로 사용하지 않는, 균형 있고 규모 있는 사람일 것입니다. 또한 이런 사람은 진실로 겸허하고 온순하며, 자기의 위치에 대하여 올바르게 인식하고 있는 자입니다. 물론 당연히 이런 사람은 자신을 통제 불능의 상태로 빠트리는 사람과 반대로, 성령의 능력으

로 가능한 최고의 자기 통제를 하는 사람입니다(갈 5:23). 그러므로 이런 온유함은 물론 주님께 찾아야겠지만(마 11:29), 더 나아가 예수님의 모형인 모세에게도 찾아볼 수 있지요(민 12:3). 다만 이러한 온유함은 참으로 아름다운 덕이지만, 온전히 사람의 노력으로 가능한 것은 아닐 것입니다. 이는 하나님께서 주신 것이며, 성도는 "온유하게" 하나님에게 의지하는 신앙을 견지하는 것, 이것이 바로 온유한 자가 지녀야 할 태도일 것 같습니다.

그리고 5절 후반 절에서는 이러한 온유한 자는 복이 있나니, "땅을 기업으로 받을 것"(κληρονομήσουσιν τὴν γῆν)이라 합니다. 사실 세상적으로 보면 온유한 사람은 주위의 온갖 나쁜 사람들에 휘둘리어 땅을 기업으로 받기보다는 있는 것조차 지킬 수 없을지 모릅니다. 사기를 당하거나, 그랄에서 우물을 팠던 이삭과 같이 힘 있는 자가 빼앗아 갈 수도 있을 것입니다(창 26:17, 21, 28). 그런데 성경은 이와 같은 "온유한 자"에게는 "땅을 기업으로 받을 것"이라 하니, 여기서 말하는 "땅"(γῆν)의 의미는 무엇일까요? 사실 이 말씀은 시편 37:11에서 "그러나 온유한 자들은 땅을 차지하며 풍성한 화평으로 즐거워하리로다"라는 말씀에서 찾을 수 있습니다. 따라서 여기서 말하는 땅은 문자적으로 보면 자연적인 특정 지역을 말하는 땅(earth)일 수 있으나, 이것을 영적인 관점에서 살피면 이는 곧 하나님의 나라 백성이 되는 것을 의미한다고 보아야 할 것 같습니다.

이처럼 성경은 이와 같은 온유한 자는 땅을 "기업"(κληρονομήσουσιν)으로 받을 것이라 합니다. 여기서 '기업'이란 무엇을 의미할까요? 에베소서에서는 "우리 주 예수 그리스도의 하나님, 영광의 아버지께서 지혜와 계시의 영을 너희에게 주사 하나님을 알게 하시고 너희 마음의 눈을 밝히사 그의 부르심의 소망이 무엇이며 성도 안에서 그 '기업'(κληρονομία)의 영광이 풍성함이 무엇이며 그의 힘의 위력으로 역사하심을 따라 믿는 우리에게 베푸신 능력의 지극히 크심이 어떠한 것을 너희로 알게 하시기를 구하노라"(엡 1:17-19). 이처럼 바울 사도는 에베소 교회를 향한 간구에서 "기업"이라는 말을 사용하는데, 이는 곧 하나님의 자녀, 천국의 백성으로 부르심을 의미합니다. 그리고 때로는 이와 같은 부르심을 기업이라는 말 대신에 상속자라는 말로 사용하기도 합니다. 즉, 로마서는 "자녀이면 또한 상속자 곧 하나님의 상속자요 그리스도와 함께 한 상속자니"(롬 8:17)라고 하는데, 여기서 상속자라는 말은 위에서 본 기업이라는 말과 같이 κληρονόμοι 또는 συνκληρονόμοι라고 쓰고 있습니다. 그리고 에베소서에 또한 사도 바울이 이방인을 위하여 갇힌 자 된 자로서, 하나님의 은혜의 경륜을 따라 이방인들이 복음으로 말미암아 그리스도 예수 안에서 함께 상속자(συνκληρονόμα)가 되고 함께 지체가 되고 함께 약속에 참여하는 자가 되었다(엡 3:1-6)고 할 때에도 역시 같은 κληρονομία라는 말을 사용하고 있습니다.

이처럼 기업 또는 상속자는 같은 의미를 지니고 있는데, 이러한 기업 또는 상속은 상속자 자신의 노력 여하와 상관없이 아버지로부터 거저 받는 것입니다. 그러므로 하나님께 온전히 의지하는 온유한 자에게 주어지는 복은, 앞으로 '의를 위하여 핍박을 받는 자'에게 주어지는 복과 같이 천국을 기업으로, 즉 우리의 노력과 상관없이 예수 그리스도의 피의 보혈로 값없이 구원을 선물로 받게 될 것임을 확신케 하는 말씀입니다.

5장 6절 의에 주리고 목마른 자의 복

6 의에 주리고 목마른 자는 복이 있나니 저희가 배부를 것임이요

우리는 이제 팔복 중 네 번째, "의에 주리고 목마른 자"가 받게 될 복을 살피려 합니다. 성경은 이런 자에 대하여 "저희가 배부

를 것"이라 합니다. 따라서 앞에서 기술한 방법대로 "의에 주리고 목마른 자"(οἱ πεινῶντες καὶ διψῶντες τὴν δικαιοσύνην)와 "저희가 배부를 것임이요"(Ὅτι αὐτοὶ χορτασθήσονται)라는 의미를, 순서에 따라 살펴보기로 하겠습니다.

먼저 6절의 "의"(δικαιοσύνην)에 "주리고"(πεινῶντες) "목마른"(διψῶντες) 의미는 무엇일까요? 일단 인생이 주리고(hungering) 목마르다(thirsting)는 것 자체는 분명 갈급함을 드러내는 것이겠지요. "주리다"는 것은 곧 배고픔일 것이며, "목마르다"는 것은 갈증을 심히 느끼는 상황을 두고 말하는 것이라 볼 수 있습니다. 그러므로 무엇에 대하여 주리고 목마른지를 논외로 한다면, 이는 모든 인생의 가장 일반적인 욕구의 한 단면을 보여 준 것입니다. 따라서 여기서 "주리고", "목마름"이라는 이 두 단어의 의미는 그리 문제가 되지 않은 것 같습니다. 다만 중요한 것은 이와 같은 주리고 목마름이 무엇에 관한 것인가? 이 문제가 여기서 핵심인데, 성경은 "의"에 주리고 목마른 자라고 합니다.

우리는 이제 여기서 말하는 "의"가 무엇인가에 대하여 살펴야 겠습니다. "의"라는 말은 본문에 δικαιοσύνην이라고 표현되어 있는데, 이를 영어로 표현하면 righteousness로 대체할 수 있습니다. 그런데 이와 같은 "의"는 바리새인들처럼 스스로 의롭다고 할 때 드러나는 자기 자신의 '의'를 말하는 것일까요? 세상적인 관점에서 보면 "의"라는 것은 바리새인적인 해석이 가장 일반적일 것입니다. 그런데 사실 성경이 말하는 의는 결코 인간적인 관점의 의를 말하려는 것이 아닙니다. 당연히 주님께서는 바리새인과 서기관들의 의와 다른 그 무엇을 말씀하시고자 한 것이 분명합니다. 즉, 여기서 말하는 "의"란 인간적인 의가 아니라, 바로 "하나님의 의"라고 보아야 하며, 이것이 잘 드러나는 것이 바로 "칭의"(Justification)이기도 합니다.

그렇다면 여기서 말하는 "하나님의 의"는 어떻게 나타날까요? 로마서에서는 "복음에는 하나님의 의(δικαιοσύνη γὰρ Θεοῦ)가 나타나서 믿음으로 믿음에 이르게 하나니 기록된바 오직 의인은 믿음으로 말미암아 살리라 함과 같으니라"(롬 1:17). 이 복음은 "하나님이 선지자를 통하여 그의 아들에 관하여 성경에 미리 약속하신 것이라"(롬 1:2)라고 말씀하고 있습니다. 따라서 "하나님의 의"는 예수 그리스도 안에서 드러나며, 또한 예수 그리스도를 믿음으로 말미암아 하나님의 의에 이르게 됩니다.

그러므로 이처럼 "하나님의 의", 하나님의 선하심과 신실하심,

하나님의 온전하심을 따라 그의 뜻을 구하는 사람(롬 10:3; 빌 3:9)은 그 자신 스스로의 "의"가 아니라, 값없이 하나님께서 주시는 "의"로 채워주실 것을 간구할 수밖에 없습니다. 그리고 이렇게 하나님의 의로 우리 삶에 채워질 때, 주리고 목마름은 사라지게 될 것입니다. 그래서 6절 후반 절에는 이와 같이 "의에 주리고 목마른 자"에게 복이 있나니, "저희가 배부를 것"이라 합니다. 여기서 배부름(χορτασθήσονται)이란 주리고 목마름을 채울 때 일어나는 현상이 아니겠습니까? 즉, 이미 앞서 언급한 바와 같이 "하나님의 의"로 주림과 목마름을 채울 때, 배부르게 되는 것이겠지요.

　우리는 하나님이 아니기에 하나님과 같이 완전하게 그의 의를 이룰 수는 없습니다. 그럼에도 하나님의 형상으로 지은 우리는, 우리 속에 "하나님의 의", 곧 예수 그리스도가 드러나도록 노력하지 않으면 안 됩니다. 이것이 곧 의를 향한 배고픔이며, 의를 향한 주림입니다. 그러므로 이 주림과 목마름은 육신적인 것을 넘어, 영혼의 배고픔과 갈급함을 의미합니다. 따라서 우리의 배부름과 시원한 갈증의 해소는 우리 주 그리스도 예수 안에서 믿음을 따라 누리게 됩니다. 그리고 우리의 의는 예수 그리스도 안에서 발견됩니다. 지금 우리 모두 무엇에 주리고 목마른지 살펴

보아야겠습니다. 세상적인 것을 넘어 예수 그리스도 안에서 참된 양식과 음료를 맛볼 수 있는 복 있는 사람이 되어야겠지요.

5장 7절 긍휼히 여기는 자의 복

7 긍휼히 여기는 자는 복이 있나니 저희가 긍휼히 여김을 받을 것임이요

이제 우리는 팔복 중 다섯 번째를 살피고자 합니다. 이 다섯 번째의 복은 "긍휼히 여기는 자"의 복으로, "저희가 긍휼히 여김을 받을 것"이라 합니다. 우리는 "긍휼히 여기는 자"(οἱ ἐλεήμονες)란 어떤 사람을 말하며, 또 이러한 자에게 "긍휼히 여김을 받을 것"(Ὅτι αὐτοὶ ἐλεηθήσονται)이란, 어떤 의미인지에 대하여 살피기로 하겠습니다.

사실 우리가 지금까지 살핀 네 가지 복(심령이 가난한 자, 애통하는 자, 온유한 자, 의에 주리고 목마른 자의 복)은 다소 소극적인 의미가 있습니다. 이는 사람이 자기에게 의가 없음을 알아 하나님의 도우심을 사모하며 탐구하는 신앙입니다. 즉, 앞의 처음

네 가지는 죄인이 반성하고, 통회하며, 하나님을 의지함으로써 믿음으로 의롭게 됨이라는 구원의 서정(Order of Salvation)을 보았다면, 앞으로 언급될 네 가지는 이렇게 구원받은 백성들이 구체적으로 이웃에 대하여 어떻게 살아내어야 할 것인가에 대한 말씀으로 이해가 필요합니다.

따라서 7절에서 보는 "긍휼히 여기는 자"란 남에게 긍휼을 베풀어 자기들에게 베풀어진 하나님의 긍휼을 나타내 보이는 자를 말합니다. 즉, 하나님의 의를 힘입어 배부른 자(5:6)가, 그 문을 나설 때 하나님을 모르는 가련한 자들이 많이 보이니, 공로 없이 의롭다함 얻은 그로서는 당연히 그 마음이 긍휼로 움직이지 않을 수 없다는 의미입니다.

그리고 이와 같이 긍휼히 여기는 자에게, 동일하게 저희가 "긍휼히 여김을 받을 것"이라 합니다. 그런데 여기서 말하는 긍휼함은 앞서 "긍휼히 여기는 자"로서 그가 행한 것에 대한 보상으로 받는 것일까요? 어쩌면 그렇게 생각할 수도 있을 같습니다. 왜냐하면 내가 남을 긍휼히 여겼기 때문에…. 그런데 그가 남을 "긍휼히 여기는 자"가 된 것은 그 역시 하나님의 값없는 은혜로 의롭게 된 자였음을 간과해서는 안 됩니다. 우리가 이미 앞의 6절에서 본 "칭의"는 바로 이와 같은 깊은 의미를 담고 있습니다. 따라서 그가 하나님으로부터 긍휼함을 받은 것은 그가 남을 "긍휼히 여겼기 때문"이라기보다는, 의롭지 못한 자를 의롭게 여기시고, 영적인 배부름을 주신 그 하나님의 무한하신 사랑에 반응하여 행하게 되는 성도의 도리인 것입니다.

그렇기에 긍휼이 없는 사람은 심판을 받게 된다는 말씀(약 2:13)이 바로 지금 이렇게 이해되는 것입니다. 이는 마치 자신은 일만 달란트를 빚을 탕감받았음에도 백 데나리온 빚진 자의 빚을 갚으라고 다그치는 미련한 사람은(마 18:21-35 참조) "긍휼이 여기는 자"가 아닙니다. 그는 심판을 받을 자임을 성경이 가르치고 있는데, 이것은 곧 "긍휼을 여기는 자"의 교훈에 대한 실례입니다. 성도가 긍휼을 베푸는 것은 의무이며, 책임입니다. 왜냐하면 값없이 은혜로 우리가 먼저 긍휼함을 입고 구원을 받았기 때문입니다.

5장 8절 마음이 청결한 자의 복

8 마음이 청결한 자는 복이 있나니 저희가 하나님을 볼 것임이요

이제 우리는 팔복 중 여섯 번째, "마음이 청결한 자의 복"을 살펴려 합니다. 성경은 "마음이 청결한 자"는 복이 있나니, "저희가 하나님을 볼 것임"이라 합니다. "마음이 청결한 자"(οἱ καθαροὶ τῇ καρδίᾳ), 그리고 "하나님을 볼 것임"(Θεὸν ὄψονται)의 의미를 이제 살피기로 하겠습니다.

8절 전반 절의 "마음이 청결한 자"라고 할 때, 마음(καρδίᾳ)이란 the heart, thoughts, feelings을 의미합니다. 따라서 이 단어는 마음으로 번역할 수도 있지만, 생각이나 감정 등으로 풀이할 수 있습니다. 그리고 "청결하다"(καθαροί)는 의미는 깨끗하다고 볼 수도 있지만, 더 큰 의미는 하나님의 공급함을 믿고 자신들의 죄악성을 늘 인정함으로 내적인 죄로부터 깨끗한 자를 의미합니다. 그리고 더 나아가 이 말을 좀 더 확대하면, 깨끗하다는 의미를 넘어 "단순하다"(pure)라는 의미로 이해할 수도 있습니다. 즉, 여기서 "단순하다"는 것은 다른 생각이 더 이상 개입하지 않는, 이중적인 생각이 완전히 배제된 것, 오로지 하나님의 말씀을 그대로 받아들이는 태도를 의미합니다. 그러므로 위의 "마음이 청결한 자"란 자신의 생각이나 감정이 이중적이지 않고, 오로지 하나님을 향하여 온전히 집중되어 있는 사람을 이렇게 부를 수 있을 것 같습니다.

8절 후반 절에서는 이와 같은 자들은 "하나님을 볼 것"이라 합니다. 여기서 "하나님을 본다"는 말은 ὄψονται라고 표현하고 있는데, 이는 behold, perceive, see와 같은 의미가 있습니다. 따라서 "하나님을 본다"는 의미는 하나님을 바라보고, 지각하고, 안다는 의미가 들어있습니다.

그러므로 이와 같은 사람은 믿음의 감각으로 뿐만 아니라, 하늘의 영광 속에서도 하나님을 보게 됩니다(히 12:14; 계 22:3,4). 즉, 이들은 온전히 하나님께 집중하고 있기 때문에, 그 안에서 생각하고 느끼며 보게 됩니다. 그러나 앞서 언급한 바와 같이 하나님에 대하여 이와 같은 단순한 마음을 가지지 못하고, 두 마음을 품게 되면 이는 하나님 앞에서 불결한 것이기 때문에, 결국 그의 마음은 어두워져서 하나님을 보지 못하게 될 것입니다(마 6:21-24). 그래서 성경은 두 마음을 품는 것 자체는 벌받을 일이며(호 10:2), 또한 두 마음을 품는 자는 미워할 수밖에 없다고 합니다(시 119:113).

5장 9절 화평케 하는 자의 복

9 화평케 하는 자는 복이 있나니 저희가 하나님의 아들이라 일컬음을 받을 것임이요

본 절은 팔복 중 일곱 번째인 "화평케 하는 자의 복"에 관한 말씀으로, 이렇게 화평케 하는 자에게는 "하나님의 아들이라 일컬음을 받을 것임"을 복으로 약속하고 있습니다. 이제 "화평케 하는 자"와 "하나님의 아들이라 일컬음"의 의미를 살피기로 하겠습니다.

9절 전반부의 "화평케 하는 자"(οἱ εἰρηνοποιοί)란 흔히 영어로 peacemaker라 합니다. 성도는 복음을 통하여 사람들을 하나님에게 돌아오게 하여, 돌아온 그들이 하나님과 화목(ἀποκαταλλάξῃ)케 되도록 해야 할 사명이 있습니다. 그래서 주님도 땅끝까지 이르러 그리스도의 증인이 되어 복음을 전하라 하셨던 것입니다(행 1:8). 과거 우리 역시 하나님과 원수 된 자들이었습니다. 그러나 예수 그리스도의 십자가 보혈로 구속함을 받아 하나님과 화목하게 된 자가 되었습니다(엡 2:16). 그러므로 이렇게 화목하게 된 자들 또한 위에서 보는 바와 같이 믿지 않는 자들

에게 복음을 전하여, 그들도 하나님과 화목하게 되도록 해야 할 사명을 지고 있는 것입니다(고후 5:18). 이것이 화평케 하는 자의 태도입니다. 그런데 이 말씀은 이처럼 좁게는 하나님과 화목을 도모하도록 해야 하겠지만, 넓게는 성도와 성도 간에, 더 나아가 성도와 믿지 않는 자와도 화평케 됨으로, 그들이 하나님과 화목케 되도록 길을 열어야 하는 것입니다. 다만 이와 같은 화평은 당연히 '진리 안에서' 이루어져야 하며, 세상적 가치관에 따라 이루어지는 것이 아님을 간과해서는 안 됩니다.

9절 후반 절은 이와 같이 "화평케 하는 자"에게는 "하나님의 아들이라 일컬음을 받을 것"(υἱοὶ Θεοῦ κληθήσονται)이라 합니다. 여기서 "일컬음을 받다"(κληθήσονται)라는 말은 bid, call forth, name, invite로 번역될 수 있는 단어입니다. 다만 "화목케 하는 자"가 "하나님의 아들로 일컬음을 받을 것"이라 할 때, 이는 그 결과에 대한 보상으로 이렇게 일컬음을 받는다는 의미와는 거리가 멉니다. 하나님을 믿는 그 믿음 안에 있는 자들은, 이미 하나님의 아들 된 자들입니다. 따라서 이 하나님의 아들 된 자들은 "하나님은 사랑(ἀγάπη)"이시고, "하나님은 평강(εἰρήνη)"이시기 때문에, 그 사랑과 평강을 배우고 실천해야 하는 자들로, 이럴 때 진정으로 "화평케 하는 자"가 됩니다. 왜냐하면 이처럼 화평케 하는 자는 하나님으로부터는 "너는 내 아들이라. 오늘 내가 너를 낳았도다"(히 1:5), "하나님의 영으로 인도함을 받는 그들은 하나님의 아들이라"(롬8:14)라고 하신 말씀에서 확인할 수 있기 때문입니다.

그러므로 "화평케 하는 자"가 "하나님의 아들이라 일컬음을 받을 것"이라는 것은, 그 결과로 인한 보상이 아니라, 하나님의 아들들임은 드러내게 하는 표지로 이해함이 옳습니다. 그러기에 위에서 본 "일컬음"이라는 말은, 하나님 앞에서는 축복의 말씀이지만, 세상 사람들 앞에서 "하나님의 자녀는 과연 저렇게 사는구나" 하는, 하나님의 자녀들의 삶을 통해 그들이 하나님께 영광을 돌릴 뿐 아니라, 그들이 하나님께로 돌아올 수 있도록 하는 행동의 지침인 것입니다.

10절 5장 의를 위하여 박해를 받는 자의 복

10 의를 위하여 박해를 받은 자는 복이 있나니 천국이 저희 것임이라

우리는 이제 팔복의 마지막인 "의를 위하여 박해를 받는 자"가 받는 복에 대하여 살피고자 합니다. 성경은 의를 위하여 박해를 받는 자에게는 "천국이 저희 것임"을 약속하고 있습니다. 따라서 "의를 위하여 박해를 받는 자", 그리고 이때 그들이 누릴 "천국"의 의미를 이곳에서 살피겠습니다.

10절 전반 절에 "의를 위하여 박해를 받는 자"(οἱ δεδιωγμένοι ἕνεκεν δικαιοσύνης)라고 할 때, "의"(δικαιοσύνης)란 "하나님의 의"이지만 여기서는 그 "하나님의 의" 되심이 바로 예수 그리스도이시기 때문에, 이를 풀어 쓰면 "예수 그리스도로 인하여 박해를 받는 자"라고 할 수 있습니다. 그렇다면 여기서 받는 박해(δεδιωγμένοι)는 어떤 것일까요? 이런 박해는 사도 바울을 통해서 보면 잘 알 수 있습니다. 그가 복음을 전하다가 당한 고생을 열거하고 있는 곳이 있는데, 바로 고린도후서 11장 23절 이하의 말씀입니다: "그들이 그리스도의 일꾼이냐 정신없는 말을 하거니와 나는 더욱 그러하도다 내가 수고를 넘치도록 하고 옥에 갇히기도 더 많이 하고 매도 수없이 맞고 여러 번 죽을 뻔 하였으니, 유대인들에게 사십에서 하나 감한 매를 다섯 번 맞았으며, 세 번 태장으로 맞고 한 번 돌로 맞고 세 번 파선하고 일 주야를 깊은 바다에서 지냈으며, 여러 번 여행하면서 강의 위험과 강도의 위험과 동족의 위험과 이방인의 위험과 시내의 위험과 광야의 위험과 바다의 위험과 거짓 형제 중의 위험을 당하고, 또 수고하며 애쓰고 여러 번 자지 못하고 주리며 목마르고 여러 번 굶고 춥고 헐벗었노라"(고후 11:23-27).

10절 후반 절은 이와 같이 "의 되신 예수 그리스도를 위하여 박해를 받는 자"에게는 "천국"(ἡ βασιλεία τῶν οὐρανῶν)이 저희 것이라 합니다. 여기서 말하는 천국은 장차 우리가 갈 곳이지만, 또한 예수 그리스도의 오심으로 인하여 이미 천국은 임했기 때문에, 천국은 아직과 이미 속에서 성도들이 누리는 곳을 의미합니다. 천국의 의미에 대해 우리는 이미 5:3에서 이미 살핀 바 있기 때문에 여기서는 상세한 것은 생략합니다. 그 의미에 대해서는 그곳을 참고하시기 바랍니다. 다만 5:3에서 "심령이 가난한 자", "그에게는 세상이 말하는 복과는 다른 고차원의 행복, 즉 하나님의 은혜로부터 평안의 복을 누리며, 또한 이들에게는 이미와 아직 사이에 하나님의 통치하심을 받는 천국이 그들의 것임이라."라고 했는데, 동일하게 팔복을 마치며 "의를 위하여 핍박을 받는 자"에게 주어진 복도 바로 이와 같은 천국입니다. 그러므로 주님께서 "내가 세상을 이기었노라"(요 16:33 후반 절)라고 하시며, "너희가 환란을 당하나 담대하라"(요 16:33 중반 절)고 하심을 기억해야 합니다. 왜 그럴까요? 바로 그 답은 천국에 있습니다.

  지금까지 우리가 살핀 팔복은 매우 역동적인 말씀입니다. 팔복 중 앞의 네 가지 복(심령이 가난한 자, 애통하는 자, 온유한 자, 의에 주리고 목마른 자의 복)은 다소 소극적인 의미가 있었습니다. 이는 사람이 자기에게 의가 없음을 알아, 하나님의 도우심을 사모하며 탐구하는 신앙입니다. 즉, 앞의 처음 네 가지는 죄인이 반성하고, 통회하며, 하나님을 의지함으로써 믿음으로 의롭게 됨이라는 구원의 서정을 보았습니다. 그리고 다음의 네 가지 복(긍휼히 여기는 자, 마음이 청결한 자, 화평케 하는 자, 그리고 의를 위하여 핍박을 받는 자의 복)은 이렇게 구원받은 백성들이 구체적으로 어떻게 그리스도인으로 살아야 하는지를 가르치고 있는 말씀이었습니다. 즉, 하나님께서 우리를 긍휼히 여기신 것처럼 우리도 긍휼히 여겨야 하며, 이중적인 마음이 아니라 오로지 하나님을 향한 단순한 마음을 가지고, 주님을 통하여 우리를 하나님과 화목케 하신 것처럼 우리도 그렇게 화평과 평안을 드러내며, 나아가 비록 그리스도인으로 세상을 살 때 갖은 환란과 박해를 받는다고 하더라도 우리에게 예비 된 이미와 아직 가운데 하나님의 통치하심을 받는 천국이 있어, 그 백성이 됨을 기뻐하고 감사하는 삶을 살아내어야 한다는 것입니다. 그리고 이러한 사람들이 진정으로 "복 있는 사람"입니다.

5장 11절-12절 너희에게 복이 있나니

11 나로 말미암아 너희를 욕하고 박해하고 거짓으로 너희를 거슬러 모든 악한 말을 할 때에는 너희에게 복이 있나니
12 기뻐하고 즐거워하라 하늘에서 너희의 상이 큼이라 너희 전에 있던 선지자들을 이같이 박해하였느니라

우리는 지금까지 산상수훈 중 시작을 연 팔복에 대하여 하나씩 살펴보았습니다. 그리고 이러한 팔복을 끝내는 부분에, 주님께서 11절과 12절의 다음과 같은 말씀을 주시고 계십니다. 먼저 11절의 말씀은 좁게는 10절의 의를 위하여 박해(διώκω)를 받는 자에게 주신 말씀이라 볼 수 있으나, 넓게는 앞의 팔복을 받는 자에게 주님께서 주시는 각오와 다짐의 당부 말씀으로 볼 수 있습니다. 즉, 우리는 이미 앞서 언급한 바와 같이 복의 진정한 의미는 세상적인 것과는 다르다고 분명히 하였습니다. 진정한 복은, 복의 근원 되시는 예수 그리스도로 말미암은 것입니다. 다시 말하면 예수 그리스도가 바로 복인 것입니다. 그러기에 주님께서

우리와 함께 하시는 것 자체만으로 충족된 복이 되는 것입니다.

그런데 주님께서 이와 같은 복의 근원 되신 예수 그리스도로 말미암아, "너희를 욕하고 박해하고 거짓으로 거슬러 모든 악한 말을 할 때"가 있다고 합니다. 말하자면 의를 위하여 박해와 핍박을 받기도 하며, 때로는 욕을 먹기도 하고, 심지어 거짓으로 거슬러 모함을 당하기도 한다는 것입니다. 그런데 이러한 때에 주님은 "너희에게 복이 있다"고 하십니다. 그리고 12절 후반 절에 이러한 박해와 핍박은 너희에게만 있는 것이 아니라, 이미 오래전부터 선지자들에게도 동일하게 있었다고 합니다(왕상 19:1-4; 22:8; 렘 26:8-11; 37:11-16; 38:1-6; 단 3:6; 암 7:10-13).

그렇다면 이와 같은 박해와 핍박 앞에 선 성도들은 어떤 자세를 가져야 할까요? 물론 이러한 일로 인하여 좌절하거나 절망해서는 안 됩니다. 성경은 그래서 12절 전반 절에서 "기뻐하고 (크게)즐거워하라"(χαίρετε καὶ ἀγαλλιᾶσθε), "하늘에서 너희의 상이 큼이라"라고 하십니다. 그런데 과연 우리는 이와 같은 박해와 핍박에 기뻐하며 즐거워할 수 있을까요? 특히 여기서 "기뻐하다"(χαίρετε)는 말은 조용히 기뻐하는 것이 아니라 환호를 지르며 갈채하는(cheerful) 정도입니다. 그리고 "즐거워한다"(ἀγαλλιᾶσθε)라는 말도 사실상 동일하게 몹시 기뻐한다(re-joice greatly)는 의미입니다.

이 문제와 관련하여 우리는 다니엘서 3장의 다니엘의 세 친구를 한번 생각해 보면 좋겠습니다. 그들이 이방신을 섬기지 않는다고 풀무불에 집어넣어 태워 죽게 하는 벌을 받게 되었는데, 그들은 왕에게 이 환난을 하나님께서 구해 주시겠지만, "그리 아니하실지라도"라고 했습니다(단 3:17-18). 또한 시편 기자는 고난 당하는 것도 내게 유익이라고 합니다(시 119:67). 그렇다면 우리도 이들처럼 동일한 믿음의 담력을 가져야 하지 않을까요?(히 10:35) 그리하면 이와 같은 성도들에게 "하늘의 상이 크다"고 말씀하십니다. 하늘의 상 중, 가장 큰 상이 무엇일까요? 바로 후사(後嗣)가 되는 것 아니겠습니까? 그리고 이미 이 상은 떼논 당상 아닐까요?

웨스트민스터 요리문답 1번은 "사람의 제일 된 목적"에 대하여 "하나님을 기뻐하고 영원히 즐거워하는 것"이라 답하고 있는데, 이 의미도 바로 주님께서 가르쳐 주신 팔복의 소유자, 향유자에게 주신 각오와 당부의 말씀과 그 궤를 같이하고 있는 것 아니겠습니까? 우리가 가진 참된 복은 무엇이며, 그 복으로 인하여 우리는 참으로 기뻐하며 즐거워하는가요? 바로 복 되신 "예수 그리스도로 말미암아"…. 우리 모두 "주님 한 분만으로 만족해" 하며 찬송을 올리고 있는가요? 그렇다면 우리는 참으로 복된 자입니다. 예수 그리스도 안에서….

5장 13절 너희는 세상의 소금이니

13 너희는 세상의 소금이니 소금이 만일 그 맛을 잃으면 무엇으로 짜게 하리요 후에는 아무 쓸데없어 다만 밖에 버려져 사람에게 밟힐 뿐이니라

우리는 12절까지 사실 복 있는 자들이 어떤 사람들인가? 그리고 참된 복이란 무엇인가? 또한 이러한 복 있는 자들은 기뻐하고 즐거워해야 하는데, 그 이유는 복의 근원 되신 주님이 우리와 함께하기 때문이라고 마무리를 지었습니다. 이제 13절 이하는 이와 같은 복 있는 자들이 구체적으로 세상에서 어떤 모습으로 살아가야 할 것인가? 즉, 기독교적인 세계관이 세상적인 가치관과 충돌할 때 당연히 기독교적인 세계관에 기초하여 삶을 살아내어야 하는데, 막상 그렇게 하기엔 너무나 부족한 모습들이 우리 가

운데 있음을 확인할 것입니다. 그렇지만 우리의 모습이 부족하다고 하더라도, 그 자리에 주저앉을 것이 아니라, 주님을 닮아가기 위하여 최선의 노력을 경주해야 합니다. 그리고 이것이 바로 복 있는 자들이 무엇보다 우선적으로 가져야 할 자세인데, 이와 같은 원리에 기초하여, 우리는 이제 13절 이하의 주님의 말씀들을 살피기로 하겠습니다.

13절은 주님께서 "너희는 세상의 소금"(Ὑμεῖς ἐστε τὸ ἅλας τῆς γῆς)이라고 예를 들어 설명하십니다. 여기서 "소금"(ἅλας)을 들어 제자들에게 말씀하신 이유가 무엇일까요? 바다가 인접하지 않은 내륙의 땅에서는 암염(巖鹽)을 사용하였기 때문에 다소 귀할 수 있으나, 유대 지방의 경우 사해 바다가 인접해 있었기 때문에 소금은 사실상 쉽게 접할 수 있었을 것 같습니다. 그런데 이렇게 쉽게 접할 수 있는 소금이기는 하지만, 소금은 모든 음식에 그 맛을 내게 하며, 또한 갈릴리 바다의 어부들이 고기를 잡아 오래도록 부패하지 않도록 보관하기 위하여 소금을 사용하였다는 점에서 제자들에게 아주 쉽게, 그리고 이해가 될 수 있는 예화로, 이렇게 "너희는 세상의 소금"이라고 하셨던 것 같습니다. 따라서 제자들은 주님께서 "너희는 복 있는 사람"으로 "세상의 소금"이기에, 앞서 언급한 소금의 기능에서 보듯이 너희는 "소금으로서의 삶을 살아내어라"라고 말씀하시고자 한 것입니다.

그렇기 때문에 13절 중반 절에서는 이 "소금이 소금으로서 지녀야 할"(ἐν τίνι ἁλισθήσεται), "그 맛을 잃으면"(μωρανθῇ, becomes tasteless) 아무 쓸데 없다고 하신 것입니다. 그런데 소금은 소금인데, 어찌 소금이 그 맛을 잃을 수 있단 말인가요? 여기 말씀은 우리가 먹고 활용하는 소금과 달리 사해의 소금을 생각해 보아야 합니다. 사해의 소금은 때론 광물과 같은 불순물이 섞여 있는 경우가 종종 있다고 합니다. 이 경우 사실 소금으로서의 그 역할을 다할 수 없는 경우가 있는데, 이런 때에는 길에 뿌려 잡초 같은 것이 나지 않도록 하는 수단으로 사용되기도 한다고 합니다. 그러니 이것은 음식에 맛을 내거나 부패하는 것을 막는 그런 역할보다는 길에 뿌려지기 때문에, 사람들에게 밟히게 됩니다. 이것이 13절 후반 절에서 밖에 버려져 "사람에게 밟힐 뿐이니라"(καταπατεῖσθαι ὑπὸ τῶν ἀνθρώπων)라고 한 말씀입니다.

이상의 예화와 말씀을 통하여 우리에게 하시고자 하시는 주님의 메시지는 무엇일까요? 그 대답은 아주 명료합니다. 너희는 세상의 소금이라면, 그 소금의 맛을 잃으면 안 된다는 것입니다. 어떨 때 그 맛을 잃는가요? 소금의 순수성을 잃는 것은 소금에 광물과 같은 불순물이 붙을 때입니다. 그렇다면 여기서 말하는 광물과 같은 불순물은 무엇을 상징하는 것일까요? 성도로서 믿음을 지킴에 있어, 그 믿음을 흐리게 하는 이단사설(異端邪說)이나 또는 믿음을 지키려 할 때 여러 환난과 어려움이 있지만 그 어려움을 감수하지 않고 묘하게 세상과 타협하거나, 나아가 세상적 가치관이 기독교 세계관을 집어삼켜 그 속에 복음의 순수성이 없어지는 것이 바로 "소금이 맛을 잃는 것"입니다. 이런 점에서 우리는 기복주의(祈福主義)나 번영신학(繁榮神學), 심지에 포스트모더니즘에 의한 혼합된 교리들, 해방신학, 자유주의신학들이 바로 소금이 그 맛을 잃게 하는 동인(動因)이 될 수 있습니다. 우리는 이런 것들로부터 우리를 지킬 수 있도록 성령님의 도움을 받아야 하며, 항상 파수꾼이 새벽을 기다림같이 깨어서 경성 해야 합니다.

5장 14절-16절 너희는 세상의 빛이라

14 너희는 세상의 빛이라 산 위에 있는 동네가 숨겨지지 못할 것이요

15 사람이 등불을 켜서 말 아래에 두지 아니하고 등경 위에 두

나니 이러므로 집 안 모든 사람에게 비치느니라

16 이같이 너희 빛이 사람 앞에 비치게 하여 그들로 너희 착한 행실을 보고 하늘에 계신 너희 아버지께 영광을 돌리게 하라

팔복으로 시작한 산상수훈은 13절에서 "너희는 세상의 소금이라" 말씀하시고 난 후, 이제 14절에서는 "너희는 세상의 빛이라"(Ὑμεῖς ἐστε τὸ φῶς τοῦ κόσμου)라고 말씀하십니다. 그리고 이 빛은 결코 숨길 수 없는 것이기에, 너희 빛을 사람에게 비치게 하여 하나님 아버지께 그들이 영광을 돌리도록 하라고 하십니다. 우리는 이제 14절 이하의 말씀을 중심으로 두 번째 예화로 드신 빛에 대하여 살피기로 하겠습니다.

먼저 14절은 "너희는 세상의 빛이라"라고 할 때, 우리 자신이 스스로 "빛"(φῶς)을 발하는 발광체를 말하려는 것이 아닙니다. 빛 되신 주님을 따라 "하나님의 자녀" 된 자들은 그의 신분에 맞게 빛을 받아 발산해야 한다는 것입니다. 즉, 이미 앞서 언급한 하나님의 자녀들은 복된 자들로, 하나님의 의를 힘입어 사는 그의 백성들입니다. 그렇기 때문에 16절에서 이들을 가리켜 "하늘에 계신 '너희' 아버지"(τὸν πατέρα 'ὑμῶν' τὸν ἐν τοῖς οὐρανοῖς)라고 하신 것입니다. 따라서 이들은 예수 그리스도의 복음을 나타

내는 자들인데, 그의 실생활과 언어로 드러내는 자들입니다. 이 것이 바로 "너희는 세상의 빛이라"는 의미입니다.

그런데 이와 같은 빛은 결코 감춰질 수 없습니다. 아니 감춰서는 안 된다고 합니다. 그래서 14절 후반 절에는 산 위에 있는 동네가 결코 감춰질 수가 없고, 또한 15절에서 보는 바와 같이 등불을 켜면 등경 위에 두어 빛을 발하게 하여 집안 모든 사람에게 어둠을 밝히는 역할을 해야 한다는 것입니다. 그런데 우리는 앞에서 "너희는"(Ὑμεῖς)이라고 할 때, 이는 한 개인을 말하는 동시에 교회를 말함을 또한 잊어서는 안 됩니다(사 2:2; 갈 4:26; 히 12:22). 주님은 "산 위에 있는 동네"(πόλις...ἐπάνω ὄρους κειμένη)는 숨겨질 수 없다 하십니다. 그러므로 거룩한 부르심을 받아 하나님의 자녀 된 개인 또는 무리는 그의 삶이건 말이건 사실 드러날 수밖에 없기에, "빛을 발하는 사명자"로서의 의무를 다해야 합니다. 그래서 16절은 "너희 빛이 사람 앞에 비치게 하여"(οὕτως λαμψάτω τὸ φῶς ὑμῶν ἔμπροσθεν τῶν ἀνθρώπων)라고 하신 것입니다.

그렇다면 왜 이렇게 빛을 비추라고 하신 것일까요? 그 목적이 어디에 있을까요? 우리가 빛이기에 우리를 내세우고 자랑하기 위한 것은 결코 아닐 것입니다. 그래서 성경은 그 답을 16절에서 "그들로 너희 착한 행실을 보고 하늘에 계신 너희 아버지께 영광을 돌리게 하라"고 합니다. 그들이(ἴδωσιν)이 너희들의 행실을 보고 "너희 아버지께"(τὸν πατέρα ὑμῶν) 그들이 영광을 돌리게 하라는 것입니다. 여기서 우리가 잘 기억해야 할 것은, 우리의 삶이나 말이, 항상 세상 사람들의 관심과 주목의 대상이 되어 있다는 점을 간과해서는 안 됩니다. 그리고 우리의 삶과 말이 복음 전하는 방편이 되어야 함도 또한 기억해야 합니다. 우리의 거짓된 행실과 말이 하나님의 영광을 막게 되고, 그렇게 되면 복음을 전하는 일은 막히고 말 것이며, 나아가 우리로 인해 하나님 아버지의 영광을 가리게 됨을 잊어서는 안 됩니다.

슬프게도 지금, 세상이 교회를 걱정하는 상황에까지 이르고 있는 것 아닌지 의문이 생기지 않는가요? 우리는 지금 산 위에 있는 동네로서, 빛의 사명을 잘 실천하며 살아가고 있는가요? 혹, 우리의 잘못을 감출 수 있다고 생각하지는 않는가요? 세상 사람들이 모르도록…. 그것은 불가능합니다. 왜냐하면 우리는 예수 그리스도의 빛이기 때문입니다.

5장 17절-20절 율법을 완전하게 하려 함이라

17 내가 율법이나 선지자를 폐하러 온 줄로 생각하지 말라 폐하러 온 것이 아니요 완전하게 하려 함이라

18 진실로 너희에게 이르노니 천지가 없어지기 전에는 율법의 일 점 일획도 결코 없어지지 아니하고 다 이루리라

19 그러므로 누구든지 이 계명 중의 지극히 작은 것 하나라도 버리고 또 그같이 사람을 가르치는 자는 천국에서 지극히 작다 일컬음을 받을 것이요 누구든지 이를 행하며 가르치는 자는 천국에서 크다 일컬음을 받으리라

20 내가 너희에게 이르노니 너희 의가 서기관과 바리새인보다 더 낫지 못하면 결코 천국에 들어가지 못하리라

예수님께서 산상수훈을 시작함에 먼저 팔복을 말씀한 후에, 이어 너희는 세상의 소금이며, 너희는 세상의 빛이라고 말씀하셨습니다. 참된 소금이라면 그 맛을 결코 잃을 수 없지만, 오염된 소금은 소금으로서의 그 역할을 할 수 없어 밖에 버리어 밟힐 뿐이라는 것, 그리고 빛 되신 예수 그리스도를 믿는 너희는 그 빛을 전하는 자들이며, 너희의 모습을 통하여 세상 사람들이 하나님의 영광을 찬양토록 해야 하는데, 정작 이와 같은 빛의 사명

을 너무나 잘 감당하지 못하고 있는 것이 작금의 현실인 것 같습니다. 연일 방송을 통하여 보도되는 교회의 비리와 또한 이러한 기회를 교회로부터 대중들이 멀어지도록 만드는 적그리스도들의 음모가 난무하고 있습니다. 사정이 그러하기에, 더욱 "너희는 세상의 소금이요, 빛이라"는 주님의 말씀을 더 깊이 새기지 않으면 안 됩니다.

그런데 산상수훈은 이와 같은 강론이 있은 후, 주님께서는 따르는 무리에게 이제 율법의 문제에 관심을 기울이게 하십니다. 이 문제와 관련하여 17절은 "내가 율법이나 선지자를 폐하러 (καταλῦσαι) 온 줄로 생각하지 말라 폐하러 온 것이 아니요 완전하게 하려 함이라"라고 하심으로, 율법은 온전한 것이며 결코 율법 그 자체가 문제 되는 것이 아니라 율법을 온전히 지키지 못하는 것이 문제임을 말씀으로 보여 주고 있습니다. 특히 여기서 "율법이나 선지자"(τὸν νόμον ἢ τοὺς προφήτας)라는 말이 나오는데, 이는 특정 율법이나 선지자의 글을 말하거나, 또는 랍비의 해석을 가리키는 것이 아니라, 이 표현 그 자체가 바로 구약 (Old Testament)을 가리킴을 유의해야 합니다(마 7:12; 11:13; 22:40; 눅 16:16; 행 13:15; 24:14; 28:23; 롬 3:21, 참고). 이는 곧 예언의 성취와 일치하는 의미이며, 또한 그리스도는 율법의 성취자로서 그 안에서 모든 율법을 "완전하게 하신 것이다"(ἀλλὰ πληρῶσαι)라는 의미가 담겨져 있습니다.

따라서 주님은 18절에서 "진실로(ἀμὴν) 너희에게 이르노니"라고 하시며, "천지가 없어지기 전에서 율법의 일점일획도 없어지지 아니하고 다 이루리라"고 말씀하십니다. 여기서 "진실로"라는 말은 Amen이라는 말로, 마태복음에만도 무려 31회나 사용되고 있습니다. 이처럼 주님께서 "진실로"라고 하신 것은 이 말을 듣는 자들은 주의 깊게 새겨들어야 할 엄숙한 선언임을 분명히 하시기 위한 것입니다. 따라서 이 말씀을 듣는 자들은 긴장하고, 앞으로 어떤 말씀을 하실 것인지 귀 기울어야 할 부분이 있음을 알아채야 합니다. 그렇다면 이어지는 말씀은 무엇인가요? 바로 율법의 일점일획도 없어지지 않는다는 것입니다. 여기서 말하는 "일점"(ἰῶτα ἓν)이란 히브리어의 가장 작은 글자인 Yohd와 같은 것으로 영어로 말하면 I(i)자 위의 점과 같은 것을, 일획(μία κεραία)은 "P"와 "R" 사이의 사선과 같은 것으로, 이러한 가장 작은 것조차 없어지지 않는다고 하신 것입니다.

따라서 이 말씀 속에는 모든 성경의 영감과 항구적인 권위가 강조되고 있는데, 그런 점에서 주님은 구약의 완전한 무오성과 절대적인 권위를 무리들에게 분명히 가르치고 있는 것입니다. 따라서 우리는 신약이 구약을 밀어내거나 완전히 폐지하는 것이 아니라 구약을 성취하고 해명한다는 것을 기억해야 합니다. 비록 모세 오경에 나오는 모든 종교 의식들이 주님을 통하여 성취되셨기 때문에, 그리스도인은 이제 더 이상 그것을 지키지 않는다 (골 2:16, 17). 그렇다고 해서 율법과 선지자로 표현되는 구약이 폐지된 것이 아니라, 그리스도 안에서 완전케 된 것입니다. 즉 주님은 율법 아래로 오셔서 십자가를 지시기까지 우리 죄를 담당하시고, 우리를 위하여 율법과 선지자의 말씀을 완수하신 것입니다. 그러므로 주님은 우리의 구원자가 이십니다. 즉, 우리가 율법을 지킴으로 구원을 얻는 것이 아니라, 구원은 바로 예수 그리스도로 말미암아 주어지는 선물이라는 사실입니다. 구원은 율법에 있는 것이 아니라, 주님께 있습니다.

자, 그렇다면 주님이 율법을 완전하게 하셨으니, 우리는 이제 더 이상 율법을 지킬 필요가 없는 것인가요? 그 답은 19절과 20절에서 우리에게 말씀하고 계십니다. 19절은 율법 자체가 천국에 이르는 길이 아님을 분명히 가르치고 있습니다. 율법의 지극히 작은 것 하나라도 버리거나 그렇게 가르치는 자는 결코 천국에서 (가장) 작은 자(ἐλάχιστος)라 일컬음을 받을 것이며, 그 반대로 작은 것 하나라도 지키고 행하도록 가르치면 천국에서 큰 자(μέγας)라 일컬음을 받을 것이라 말씀하십니다. 그런데 20절은 "너희 의가 서기관과 바리새인보다 더 낫지 못하면 결코 천국에 들어가지 못하리라"라고 하셔서, 19절과 모순이 아닌가 하는 의구심이 듭니다.

그렇다면 19절과 20절의 말씀은 어떻게 이해해야 할까요? 사실 19절은 그리스도인들의 행함과 가르침에 있어서 하나님의 모든 부분을 따라야 한다는 점, 그리고 20절은 바리새인과 서기관들과 같이 율법을 지킴으로 의롭게 되어 구원을 받을 수 있다고 그들은 생각하고 있을지 모르지만, 그들은 결코 율법을 온전하게 지킬 수 없다는 점을(외식주의) 이미 주님은 아셨던 것입니다. 따라서 이처럼 행위 구원이 가능하다고 한다면 바리새인과 서기관을 넘어 흠 없고 완전한 율법의 준수가 필요하겠지만, 이것은 주님 이외에 또 누가 가능하겠습니까? 의인은 없나니, 하나도 없다고 고백할 수밖에 없습니다(롬 3:10).

그러므로 죄인을 의롭게 할 수 있는 유일한 의는, 믿는 자에게 하나님이 부여하시는 완전한 의뿐입니다(창 15:6; 롬 4:5). 바로 예수 그리스도를 통해서만 거듭난 의를, 내적인 의를 이룰 수 있는 것입니다. 따라서 위의 두 구절은 결코 모순되지 않습니다. 이는 오직 예수 그리스도를 통해서만 구원의 길이 있음을 여기서 말씀하고자 하신 것입니다. "나는 길이요 진리요 생명이니"(요 14:6)

5장 21절-22절 살인하지 말라

21 옛 사람에게 말한 바 살인하지 말라 누구든지 살인하면 심판을 받게 되리라 하였다는 것을 너희가 들었으나
22 나는 너희에게 이르노니 형제에게 노하는 자마다 심판을 받게 되고 형제를 대하여 라가라 하는 자는 공회에 잡혀가게 되고 미련한 놈이라 하는 자는 지옥 불에 들어가게 되리라

거듭난 자들에게 있어 율법의 본질은 무엇인가요? 십계명의 두 돌판 중 둘째 돌판의 여섯째 계명이 바로 위의 21절에서 말하는바, "살인하지 말라"(Οὐ φονεύσεις)라는 것이지요. 이 계명에 대하여 바리새인과 서기관들의 유전에 의하면, 사람을 죽이는 행위를 하지 말라. 이런 행위를 하면 심판을 받을 것이라고 가르쳐 왔는데, 성경은 "살인하지 말라"라고만 되어 있고, 이들의 유전

처럼 "심판을 받으리라"는 말씀은 없습니다(출 20:13; 신 5:17). 그래서 주님은 "옛사람에게 말한바"라고 시작하시면서, 이 계명의 본질을 단순히 외형적인 피흘림을 통하여 사람의 생명을 빼앗는 행위만이 아니라, 그 이상의 의미를 담고 있음을 가르칩니다. 따라서 우리는 여기 주님의 말씀을 따라, 도덕적 율법의 본질을 돌아보고자 합니다.

앞서 조금 언급한 바와 같이 주님은 바리새인과 서기관들의 유전에 따른 해석, 즉 살인하는 자는 심판을 받을 것이라고 하는 말에 대하여, 이 율법은 단순히 사람을 살인하는 자에게만 심판이 있는 것이 아니라, 그 이상의 의미가 여기 담겨있다고 하시면서, 22절에 "형제에게 노하는 자"(ὀργιζόμενος)는 심판을 받을 것이며, "형제에 대하여 라가(Ῥακά)라 하는 자"는 공회에 잡혀갈 것이고, 또한 "형제를 미련한 놈(Μωρέ)이라 하는 자"는 지옥불(γέενναν τοῦ πυρός)에 들어가리라는 것입니다. 즉, 주님은 이 계명이 행위 자체 뿐 아니라 그 행위의 이면에 있는 내적 태도까지 확대 적용된다고 말씀하고 있으신 것입니다.

그래서 분노를 유발하는 것도 칼로 사람을 찌르는 행위만큼 나쁜 것이며, 더욱이 남에게 굴욕적인 말을 하거나 욕설을 퍼붓는 것(분노가 악담으로 나타나는 욕설인 '라가'=돌대가리라 한다든지, 미련한 놈이라 부르는 것은 하나님을 모르는 놈이라는 의미임) 역시 죄악 된 마음을 증명하는 것이기 때문에 공회에 잡혀가거나 또는 지옥 불에 들어가게 된다는 것입니다. 여기 지옥(γέενναν)이란 사실 예루살렘 남서쪽에 있는 힌놈 골짜기를 이르는 말로, 이곳은 예수님 시대에는 쓰레기를 소각하는 장소여서 항상 불이 타고 있었기에, 영원한 불을 상징하는 장소적 의미가 있습니다.

이와 같은 주님의 말씀을 칼빈은 그의 "기독교강요"에서 다음과 같이 설명하고 있어, 참고할 만 합니다. 먼저 그는 이러한 율법을 해석함에 염두에 두어야 할 것으로, 도덕적 율법은 입법자이신 하나님의 목적에 비추어 영적으로 이해하며 해석해야 한다고 합니다. 그래서 그는 율법을 해석하기 전에 먼저 전반적인 지식이 필요하다면서, 우선 율법에 의해서 사람의 생활이 외면적으로 정직하게 될 뿐 아니라, 내면적·정신적으로 바르게 된다는 의견은 모두 공감해야 한다고 봅니다. 그리고 율법은 인간의 법과 달리, 하늘의 법으로 우리의 영혼을 상대로 내린 것이기 때문에, 이 율법을 바르게 지키려면 우선 영혼을 억제해야 한다고 합니다.

그래서 그는 "율법은 형식적으로 보면 명령과 금지로 규정된 것처럼 보이지만, 실상은 이러한 말로 표현된 것 이상의 것이 항상 포함되어 있기 때문에, 건전한 율법의 해석은 언어의 범위를 넘어서 입법자의 순수하고 진정한 뜻을 충실히 하는 해석이 되게 해야 한다." 그래서 "나는 계명의 이유(理由)에 주의하는 것이 최선이라 생각한다."고 말했습니다.(2.8.8) 즉, 살인하지 말라는 계명에 대해서, 사람의 상식은 남 해하지 말라거나, 그런 욕망을 품지 말라(소위 금지적 의미)는 것으로만 생각하지만, 이 이외에 힘자라는 데까지 이웃의 생명을 도우라는 요구(명령)가 있다는 것입니다.

　　따라서 그는 6계명과 관련하여(2.8.39-40), "이 계명은 사람이 하나님의 형상인 동시에 우리의 혈육이라는 이중적 근거를 지닌 존재이므로, 사람에게 새겨진 하나님의 형상을 존경하며 그에게 있는 우리의 혈육을 존중해야 한다. 그러므로 단순히 피를 흘리지 않은 것만으로는 살인죄를 피하지 못한다. 이웃의 안전에 해로운 일을 실행했거나, 시도했거나, 원했거나, 계획했다면, 그것은 살인죄로 인정된다. 또 능력과 기회 허락하는 대로 이웃의 안전을 지키려고 노력하지 않는다면, 그것은 역시 율법에 대한 흉측한 위반이다. 그러나 이웃의 신체 안전에 대해 이렇게 관심이 많은즉, 영혼의 안전을 위해서는 얼마나 많은 열성과 노력을 다해야 할 것인가를 우리는 추론할 수 있다. 주께서 보시기에는 영혼이 신체보다 더 중요하다는 것이다"라고 기독교강요에서 적고 있습니다.

5장 23절-24절 사죄 받는 방법에 대하여

23 그러므로 예물을 제단에 드리려다가 거기서 네 형제에게 원망들을 만한 일이 있는 것이 생각나거든
24 예물을 제단 앞에 두고 먼저 가서 형제와 화목하고 그 후에 와서 예물을 드리라

앞서 우리는 살인하지 말라는 의미에 대하여 바리새인과 서기관의 유전에 따라 이 경우 심판을 받는다는 좁은 의미의 형식주의에 대하여, 주님께서 도덕적 율법이 갖는 내면적 의미까지 살피신 것을 보았습니다. 즉, 주님은 형제들 사이에 비수를 꽂는 것과 같은 말을 하는 것(노하거나 라가라 하거나 또한 미련한 놈이라 하는 말) 조차도 심판과 정죄를 당할 것이라 말씀하심으로, 도덕적 율법의 내면적 의미를 살피게 하십니다. 그런데 주님은 이

와 같은 말씀에 이어 형제와 화목케 하는 사죄의 방법에 대하여 말씀하고 계십니다. 이러한 사죄의 방법을 여기 이어 언급하고 있는 것은, 앞서 잘못된 살인하지 말라는 율법해석론을 타파하고, 나아가 혹 형제간에 문제가 생겼을 때 종교적인 형식주의가 우선이 아니라, 형제와의 관계 회복이 더 하나님께서 원하시는, 회개하는 사죄의 방법임을 가르치시고 있는 것입니다.

　그래서 23절은 "예물을 제단에 드리려다가 거기서 네 형제에게 원망들을 만한 일이 있는 것이 생각나거든"이라고 전제하신 후에, 이 경우 24절에서 보는 바와 같이 "예물은 제단 앞에 두고 먼저 가서 형제와 화목하고(διαλλάγηθι, be reconciled) 그 후에 와서 예물을 드려라"라고 하십니다. 하나님은 사실 "천 천의 숫양이나 만만의 강물 같은 기름을 기뻐하실까?"(미 6:7), 그렇지 않으시다는 것입니다. 오히려 하나님께서 원하시는 것은 "상한 심령"입니다(시 51:17). 종교적인 형식에 따른다면, 외형상 예물을 들고 나아오는 것이 인간적인 모습에서 볼 땐 거룩한 것처럼 보일 수 있을 것입니다. 그러나 정작 그의 예물은 하나님께서 보실 때에는 종교적인 행사에 불과한 것입니다. 즉, 화목제를 위한 예물을 가져왔다고 보자. 그것도 매우 살찐 수송아지를 가져왔다고 보자. 이 경우 누군가는 비둘기도 한 마리 가져오질 못하고 있는데, 얼마나 멋지게 보이겠습니까? 그러나 하나님은 오히려 "상한 심령"을 더 원하시기에, 먼저 화해를 위한 용서를 빌고 난 후에(먼저 화목, 화해하고) 하나님으로부터 사죄의 은총을 누려야 한다고 말씀하시고 있는 것입니다.

박윤선 박사는 이와 관련하여, 우리가 이 구절들을 보고 명심할 것은, 1) 하나님께 사죄를 받으려면 먼저 형제 앞에서 해결해야 될 것은 해결하도록 힘쓸 것이고, 2) 그 문제 해결은 무엇보다 먼저 급히 하여야 한다는 것입니다. 보라! 지금 제물을 드리려 하다가도 형제에게 용서를 받을 일이 생각나면 즉시 그 일을 위하여 가야 된다고 합니다. 3) 그리고 나서 와서 제물을 드려야 한다는 것입니다. 이것을 그만두면 인도주의(人道主義)의 사죄 곧, 사람과의 관계에서만 사죄가 될 뿐이라 설명합니다.

5장 25절-26절 급히 사화하라

25 너를 고발하는 자와 함께 길에 있을 때에 급히 사화하라 그 고발하는 자가 너를 재판관에게 내어 주고 재판관이 옥리에게 내어 주어 옥에 가둘까 염려하라

26 진실로 네게 이르노니 네가 한 푼이라도 남김이 없이 다 갚기 전에는 결코 거기서 나오지 못하리라

만약 살다가 어떤 일로 인하여 당신을 고발하는 자가 있다 하자. 이때 법정으로 가기도 전에 "급히 사화하라"(ἴσθι εὐνοῶν... ταχὺ) 하십니다. 여기서 말하는 '사화'(私和)는 동의 또는 화해적인 의미를 갖는 단어로, 이는 좋은 이라는 εὐ와 마음이라는 νούς의 합성어입니다. 따라서 직역하면 "좋은 마음"을 갖는 것입니다. 따라서 서로 화가 치밀어 고발하고 송사의 단계까지 가서 법정에서 시시비비를 가리기 전, 길에 있을 때 그 고발한 자와 좋은 마음을 갖도록, 화해하라는 의미가 바로 여기서 말하는 "사화하라"는 말씀입니다. 그리고 이러한 화해는 천천히 해도 되는 것이 아니라 "급히"(ταχὺ) 하라고 합니다. 즉, 이러한 사화는 설사 자신이 좀 더 희생을 감수하는 경우라고 하더라도, 열심히 적극적으로, 그리고 신속히 해야 한다는 것입니다. 이는 분쟁을 함으로써 그리스도에게 욕을 돌리는 것보다, 차라리 피해를 당하는 편이 낫다는 바울 사도의 말씀과도 부합됩니다(고전 6:7).

앞에서 언급한 주님의 말씀을 오늘날 교회에 바로 적용해 보면, 분쟁하는 교회는 그 분쟁을 세상의 법정까지 가지 말고, 급

히 화해하라는 말씀으로 받을 수 있습니다. 왜냐하면 이렇게 되는 경우 옥에 가두는 것도 가두는 것이거니와, 결코 이러한 모습이 하나님의 영광은커녕, 세상 사람들의 우스갯소리만 들을 수 있을 뿐이기 때문입니다.

그런데 통상 우리들이 화해한다고 하면서도, "그런데"라는 미련을 가지는 경우가 참 많습니다. 그러나 진정한 화해, 사화는 어떤 조건이나 더 이상의 여운을 남기지 않고 서로를 인정하며, 좋은 마음을 가지는 것입니다.

그래서 26절은 "한 푼이라도(ἔσχατον κοδράντην) 남김이 없이 다 갚기 전에는 결코 거기서 나오지 못하리라"라는 예화 속에, 채무자의 채무이행은 완전하고 철저해야 하는 것처럼, 또한 화해를 위한 회개 역시 그래야 한다는 것입니다. 즉, 완전하고 철저한 회개가 있을 때, 또한 상대방도 참된 용서를 할 수 있는 것입니다. 그리고 이러한 일은 비단 성도들 간의 관계 속에서만이 아니라, 우리의 죄를 사죄받기 위한 하나님을 향한 회개 역시 완전하고 철저해야 함을 가르치고 있습니다.

5장 27절-30절 간음하지 말라

27 또 간음하지 말라 하였다는 것을 너희가 들었으나

28 나는 너희에게 이르노니 음욕을 품고 여자를 보는 자마다 마음에 이미 간음하였느니라

29 만일 네 오른 눈이 너로 실족하게 하거든 빼어 내버리라 네 백체 중 하나가 없어지고 온 몸이 지옥에 던져지지 않는 것이 유익하며

30 또한 만일 네 오른손이 너로 실족하게 하거든 찍어 내버리라 네 백체 중 하나가 없어지고 온 몸이 지옥에 던져지지 않는 것이 유익하니라

27절은 십계명 중 제7계명인 "간음하지 말라"는 것에 대하여, 바리새인들의 가르침에 따르면 이는 외적인 행위에 국한되어, 성적인 결합 행위만을 간음에 해당한다고 보았습니다. 그러나 간음이란 사람의 마음(음욕을 품는 시선)으로부터 시작되고, 행동으로 이어진다는 점에서, 마음에 품는 음욕 역시 행위 못지않게 악하며, 그것은 하나님과의 관계가 올바르지 않음을 시사해 줍니다. 그래서 주님은 단순히 외적인 성적 결합을 넘어, 28절 이하에서는 "음욕을 품고 여자를 보는 자마다 마음에 이미 간음하였

느니라"라고 하신 것입니다.

칼빈도 주님의 말씀을 따라 그의 기독교강요에서 제7계명과 관련하여(2.8.41-44), 이 계명은 "우리는 육의 추악이나 정욕의 난무(亂舞)에 더렵혀져서는 안 된다"는 것으로 요약될 수 있는데, "이 계명은 동정(童貞)을 멸시하지 못할 덕성이지만, 그렇다고 결혼 역시 무익하거나 무용한 것으로 경솔하게 멸시하지 말아야 한다는 점을 내포하고 있다. 특히 이 계명에 순종하고자 노력하는 사람은, 마음속에서 악한 정욕이 타오르는 것이나, 욕망으로 달리는 것이나, 몸에 음탕한 장식을 하는 것이나, 추잡한 말로 생각을 더럽히는 것이나, 욕망이 무절제한 생각을 타오르게 하는 것을 일체 허락해서는 안 된다. 이런 종류의 죄악은 모두 정조의 순결을 더럽히는 오점과 같기 때문이다"라고 말 합니다.

그런데 29절 이하에서는 오른 눈이 실족하면(σκανδαλίζει/skandalizei) 빼어 버리고, 오른손이 실족하면 찍어버리라고 하십니다. 그런데 이 말씀은 그렇게 하라는 의미보다는, 정욕과 악한 욕망의 심각성을 보여 주기 위해서 이러한 생생한 과장법을 사용하신 것입니다. 이 말씀의 핵심은 그런 죄로 말미암아 영원한 죄책을 당하는 것보다, 차라리 몸의 일부분을 잃어버리는 것이 더 유익하다는 것입니다. 즉, 죄는 그것이 치명적인 결과 때문에 극단적인 방식으로 처리되어야 함을 보여 주는 말씀입니다. 그렇지 않으면 마치 이솝우화에 사막에서 "낙타와 주인"의 관계처럼, 처음에는 낙타의 다리 하나만 텐트에 허용하였지만, 시간이 지나면서 조금씩의 양보 결과는 완전히 반대 상황으로 나타날 수 있다는 것입니다. 즉, 낙타가 텐트를 모두 차지하고 주인은 텐트 밖으로 밀려나 추위에 떨고 있는 모습처럼…. 그렇기에 죄의 결과는 바로 사망임에도, 불나방처럼 달려드는 것이 추악한 인간의 본성입니다.

그러므로 마치 죄에 대하여 피 흘리기까지 싸워야 하고, 죄는 모양이라도 버려야 한다는 것입니다. 물론 어찌 우리 스스로 힘으로 이 문제를 해결할 수 있겠습니까? 주의 성령이 우리를 통제하게 하고, 우리를 도우시도록 간구해야 함이 필요한 대목입니다.

5장 31절-32절 아내를 버리면

31 또 일렀으되 누구든지 아내를 버리려거든 이혼 증서를 줄 것

이라 하였으나

32 나는 너희에게 이르노니 누구든지 음행한 이유 없이 아내를 버리면 이는 그로 간음하게 함이요 또 누구든지 버림받은 여자에게 장가 드는 자도 간음함이니라

오늘날 세상은 이혼을 너무 쉽게 하는 경향이 있습니다. 그러다 보니 한 집 건너 한 집씩 이혼하고 있다고 보는 것이 지나치질 않을 정도입니다. 뿐만아니라 언론매체를 통해서 '졸혼'(卒婚)이라는 말까지 나오는 등, 결혼이라는 제도가 변질되고 있습니다. 더군다나 결혼이라는 것이 남녀 사이가 아닌 동성혼까지 허용하고 있는 나라가 많아지고 있을 뿐만 아니라, 심지어 우리나라도 진보 진영에서 이러한 동성혼을 합법화해야 하며, 여기에 인권 보호라는 미명하에 남녀 평등이 아니라 소위 '성평등'(性平等), 성소수자(性少數者)의 보호를 주장하며 "차별금지법"을 제정하려는 움직임을 보이고 있습니다.

그런데 위에 말한 이혼과 관련하여 유대의 바리새인과 같은 랍비들은 신명기 24:1-4이 마치 이혼하려고 할 때 문서 한 장으로 처리될 수 있는 것처럼, 이 구절을 해석하고 가르쳤습니다. 그래서 그들은 남자가 어떤 일로든 아내가 마음에 들지 않을 때 '이

혼증서'를 써서 주기만 하면 이혼할 수 있다고 잘못된 결론을 내리고 있었습니다. 사실 모세의 율법엔 이와 같은 규정을 둔 것은, 남자들이 이혼을 자기 마음대로 증서 한 장만으로 할 수 있다는 의미가 아니라, 이혼당하는 여인을 보호하기 위한 조치였음을 그들은 간과한 것이었습니다.

그렇다면 주님은 이와 같은 문제에 대하여 어떠한 말씀을 하고 계신가요? 주님은 위와 같은 예외를 제하고는, 하나님께서 아담과 하와를 부부로 짝지어주시고는 둘이 한 몸이 될지니, 이 연합을 나눌 수 없다고 하신 것을 따라, 결혼은 이혼으로 끝나서는 안 된다고 강력하게 말씀하신 것입니다(마 19:3-9). 따라서 위의 32절에 보는 바와 같이 음행한 이유 없이 아내를 버리고 다른 여자와 결혼하면 이것 역시 간음이며, 또한 음행한 이유로 이혼을 당한 여자가 다른 남자와 결혼하는 것도 사실상 간음에 해당하기 때문에, 양자 모두 자유롭지 못하다 하십니다. 바울 사도 역시 음행한 경우를 제외하고는 이혼해서는 안 되기에, 서로 화해를 하든지, 혼인하지 않고 혼자 그대로 살아야 한다고 말합니다(고전 7:10, 11). 나아가 그 사실을 알면서(의도성을 가지고) 그 여자를 취한 상대방도 역시 간음한 것이 됩니다. 그렇다면 위와 같은 이혼과 함께 재혼은 어떤 경우에 허용될 수 있는 것일까요? 음행한 이유로 인하여 이혼하게 된 경우, 무죄한 자 쪽에서 재혼하는 것은 성경적인 의미에 배치되지는 않는 것 같습니다. 물론 사별하고 다시 재혼하는 것 역시 간음이 아니기 때문에 문제 되지 않습니다.

5장 33절-37절 맹세하지 말라

33 또 옛 사람에게 말한 바 맹세를 하지 말고 네 맹세한 것을 주께 지키라 하였다는 것을 너희가 들었으나

34 나는 너희에게 이르노니 도무지 맹세하지 말지니 하늘로도 하지 말라 이는 하나님의 보좌임이요

35 땅으로도 하지 말라 이는 하나님의 발등상임이요 예루살렘으로도 하지 말라 이는 큰 임금 의 성임이요

36 네 머리로도 하지 말라 이는 네가 한 터럭도 희고 검게 할 수 없음이라

37 오직 너희 말은 옳다 옳다, 아니라 아니라 하라 이에서 지나는 것은 악으로부터 나느니라

위의 본문 33절은 구약의 맹세에 관한 교훈을 가져온 것입니

다(레 19:12; 민 30:2; 신 23:21, 23). 그런데 바리새인들은 하찮은 일에도 맹세를 해대는 것으로 악명이 높았습니다. 그런데도 그들은 정신적으로 발뺌을 할 수 있는 여지를 남겨두었으니, 하늘로…땅으로…예루살렘으로…또는 그들 머리로 했던 맹세들로부터 빠져나오고 싶으면, 자신들의 맹세가 하나님이 개입하시지 않았기 때문에 그 맹세들은 무효라고 우기곤 했습니다. 즉, 그들은 이런저런 맹세를 하고는 상대방을 현혹시키지만, 그 맹세가 문제가 되면 자신들이 한 맹세는 '하나님의 이름으로 맹세'한 것이 아니기 때문에 무효라고 말하곤 했습니다.

그런데 주님은 "도무지 맹세하지 말지니"(μὴ ὀμόσαι ὅλως)라고 하십니다. 사실 바리새인들처럼 하나님의 이름으로만 하지 않으면 맹세가 문제없는 것이라 한 데 대하여, 하늘은 하나님의 보좌요, 땅은 하나님의 발등상이며, 예루살렘은 하나님께서 특별히 뽑으시고 그곳에 성전을 두셨으니 그만큼 큰 성이요, 머리를 지으시고 머리칼의 색깔까지 주관하시는 분이 누구신가요? 바로 하나님 아니신가요? 그렇다면 그들이 하나님의 이름으로 하지 않은 맹세라고 해서, 문제 될 것이 없다는 것은 얼마나 야비하고 거짓된 짓인가요?

자, 그렇다면 주님께서 이 말씀을 하신 요지는 무엇일까요? 사실 성경은 여러 군데서 맹세에 관한 말씀을 하고 있습니다. "맹세하지 말라"는 이 금령(禁令)은 모든 경우의 맹세를 정죄하는 것이 아닙니다. 하나님 자신이 맹세로 약속을 확증하셨고(히 6:13-18; 행 2:30), 주님도 맹세로 말씀하셨습니다(마 26:63, 64). 나아가 율법도 어떤 특정한 경우 맹세할 것을 명합니다(민 5:19, 21; 30:2, 3). 그러므로 "맹세하지 말지니"라고 하실 때, 이 말씀은 맹세를 금하는 것이 아니라, 여기서 말씀하시고자 하시는 요지는 37절에 있습니다. 그래서 주님은 "옳다"는 "항상 옳다"를 뜻해야 하고, 아니라는 "항상 아니라"를 뜻해야 한다고 말씀하고 계신 것입니다. 즉, 바리새인들처럼 헛된 맹세로 남을 속이는 것이 아니라, 그리스도인은 마치 맹세하는 것처럼 참되어야 한다는 것입니다.

따라서 그리스도인은 '아닌 것은 아닌 것'이며, '옳은 것은 옳은 것'이므로 참을 말하고, 거짓을 말해서는 안 됩니다. 그래서 야고보 사도는 이 말씀을 "내 형제들아 무엇보다도 맹세하지 말지니 하늘로나 땅으로나 아무 다른 것으로도 맹세하지 말고 오직 너희가 그렇다고 생각하는 것은 그렇다고 하고 아니라고 생각하는 것은 아니라 하여 정죄 받음을 면하라"라고 인용하였던 것입니다(약 5:12).

5장 38절-39절 눈은 눈으로, 이는 이로

38 또 눈은 눈으로, 이는 이로 갚으라 하였다는 것을 너희가 들었으나

39 나는 너희에게 이르노니 악한 자를 대적하지 말라 누구든지 네 오른편 뺨을 치거든 왼편도 돌려 대며

고대 함무라비법전에는 "눈은 눈으로, 이는 이로"(Ὀφθαλμὸν ἀντὶ ὀφθαλμοῦ, ὀδόντα ἀντὶ ὀδόντος) 갚으라는 소위 탈리오법칙(lex talionis)이 규정되어 있었는데, 모세의 율법에 이와 같은 내용이 동일하게 포함되어 있습니다(출 21:24; 레 24:20; 신 19:21). 흔히 이와 같은 탈리오법칙을 응보적(應報的)인 보복 법칙으로 생각하는 경향이 있습니다. 그러나 사실 이 내용은 단순히 응보라는 보복에 있는 것이기보다는, 범죄자가 범죄를 범한 그의 책임 이상의 벌을 가하지 말라고 하는 책임법칙(責任法則)을 규정한 것입니다. 그럼에도 예수님 당시 유대인들은 이 계명을 책임원칙에 근거한 것으로 보기보다는, 오히려 범죄자를 응

징하는 보복의 정당성 근거로 삼고 있었습니다.

그런데 율법은 친족이 피살된 경우를 제외하고는 개인적 보복을 금하고 있으며(민 35:18-21), 탁월한 전사였던 다윗도 사울 왕에 대한 개인적 보복을 하지 않은 것은 이 점을 잘 이해하고 있었던 것입니다(삼상 25:33; 26:10-11). 그래서 주님은 이 율법의 본래적 의미를 다시 깨우치도록 39절 이하에서 여러 가지를 들어 말씀하시고 있는데, 이제 주님께서 말씀하시는 율법의 해석론을 경청해 보기로 하겠습니다.

주님은 38절 끝자락에서 탈리오법칙에 대하여 "너희가 들었으나"(Ἠκούσατε) 이제 너희들이 생각하는 것과 다름을 말하시겠다며, 39절은 "나는 너희에게 이르노니"(ἐγὼ δὲ λέγω ὑμῖν)이라고 운을 띄우십니다. 그리고 이어 "악한 자를 대적하지 말라"(μὴ ἀντιστῆναι τῷ πονηρῷ)면서, "오른뺨을 치거든 왼편도 돌려 대라"고 하십니다. 그런데 여기 이 말씀을 듣고 있는 제자들 앞에서 만약 주님께서 실습까지 하신다면 어떤 모양일까요? 서로 마주 보고 한편에서 오른쪽 뺨을 때려보라고 하신다고 생각해 봅시다. 마주 보는 상황에서 어떻게 해야 오른쪽 뺨을 때릴 수 있을까요? 그것은 손등으로 치지 않으면 불가능합니다.

그런데 손바닥이 아니라 손등으로 사람을 친다는 것은 당시 대단한 모욕 행위이며, 이 경우 참을 수 없는 분노를 발할 수 있습니다. 그래서 유대법과 로마법은 이와 같은 모독 행위에 대하여 사법 조치를 할 수 있도록 허용하고 있었습니다. 그럼에도 "왼편도 돌려 대라"고 하시니, 여기서 주님이 말씀하시고자 하시는 그 마음을 충분히 읽을 수 있지 않은가요? 그래서 제자들을 향하여 복음으로 전하며 나의 제자가 되는 삶이란 이처럼 모욕을 당할 수 있고, 악인들의 행패가 수없이 있다 할지라도, 왼쪽을 돌려 대듯이 그러한 마음으로 "악한 자를 대적하지 말라"는 것입니다. 즉, 보복할 수 있다고 할지라도, 그렇게 하지 말라는 것입니다.

5장 40절-42절 또 너를 고발하여

40 또 너를 고발하여 속옷을 가지고자 하는 자에게 겉옷까지도 가지게 하며

41 또 누구든지 너로 억지로 오 리를 가게 하거든 그 사람과 십 리를 동행하고

42 네게 구하는 자에게 주며 네게 꾸고자 하는 자에게 거절하지 말라

40절은 송사를 통해 속옷(τὸν χιτῶνά)을 달라고 하면, 겉옷(τὸ ἱμάτιον)까지 가지게 하라고 하십니다. 당시 로마 제국의 극빈자들은 보통 속옷과 겉옷 한 벌씩만 소유하고 있었기에, 겉옷을 훔치는 일은 법적 소송을 일으킬만합니다. 또 유대의 경우 송사를 하더라도 겉옷을 빼앗을 수 없기에(출 22:26-27), 당연히 겉옷은 보존할 수 있었습니다. 그 이유는 겉옷이 외투가 될 뿐만 아니라, 밤에는 추위를 막아주는 덮고 자는 담요 역할도 하고 있었기 때문입니다. 그런데도 주님은 누가 송사를 해, 속옷을 달라고 하면 겉옷까지 내주라고 말씀하신 것은 무슨 이유일까요? 사실 예수님을 따르는 제자는 세상 사람들과는 달라야 한다는 것입니다. 당연히 자신에게 주어진 권리라고 하더라도, 때론 손해가 된다고 하더라도, 양보하고 포기할 줄 알아야 한다는 것입니다. 즉, 오늘날 세상 사람들이 신자들에게 과분한 부담으로 지운다고 하더라도, 그들을 대항하기보다는 오히려 그 부담을 감내하라는 것입니다.

41절은 "오 리를 가자 하면 십 리까지 동행하라." 당시 로마 군인들은 지역 주민의 노동력이나 가축 또는 재화를 징발할 수 있는 법적 권리를 가지고 있었습니다(참고. 막 15:21). 그래서 로마 군인들이 무거운 짐을 지고 가다가도, 지역 주민들이 보이는 경우 들고 있던 창으로 주민의 어깨를 툭 치면서 짐을 가리키면, 일단 주민들은 이 짐을 오 리는 대신 지고 가야 할 의무가 있었습니다. 사실 갈릴리는 이런 상황이 비교적 흔치는 않았지만, 그래도 혹 이와 같은 일이 있을 때 저항하지 말고 도리어 억압자에게 도움을 제공하라고 하십니다. 심지어 주어진 의무인 오 리를 넘어 십 리까지 동행하라고 하십니다.

특히 우리는 여기 본문 중 "억지로 시키다"(ἀγγαρεύσε)라는 말에 좀 집중해 보면 좋겠습니다. 이 말은 주님께서 십자가를 지고 골고다로 올라가실 때 로마 병정들이 구레네 시몬에게 십자가를 짊어지게 할 때(마 27:32), "억지로"라고 사용한 말과 같습니다. 그런데 성도들은 세상에 주어진 의무를 억지로 하듯 그 의무만 다하는 것이 아니라, 그 의무를 넘어 그 이상의 도리도 할 자세를 가질 것을 말씀하고 계신 것이 바로 이 본문입니다. 우리는 혹, 억지로 하고 있는 것은 아닌지요? 주님은 억지 같은 상황에서도 즐거운 마음으로 십 리를 동행하라 하십니다.

42절은 "네게 구하는 자에게 주며"(τῷ αἰτοῦντί σε, δός) "네게 꾸고자 하는 자에게 거절하지 말라"(τὸν θέλοντα ἀπὸ σοῦ δανίσασθαι, μὴ ἀποστραφῇς)고 하십니다. 예수님 당시 구걸하는

사람은 도처에 깔려 있었습니다. 성경은 핍절한 이에게 기부할 것을 가르치면서(신 15:11; 시 112:5, 9; 잠 21:13), 가난한 자를 도운 이들의 필요는 하나님이 돌보시겠다고 약속하십니다(신 15:10; 잠 19:17; 22:9; 28:8). 또한 성경의 율법은 고리대금을 금하는 것이나, 면제년에 가난한 이의 필요를 외면하지 말고 기꺼이 돈을 빌려 줄 것을 명하는 것(신 15:9) 등은 모두 본문에서 주님께서 제시하시는 원칙을 뒷받침하고 있는 말씀입니다. 그러나 주님의 요구는 여기서 끝나는 것이 아니라, 자신을 돌보지 않는 기부의 수준에까지 나아가고 있다는 점에서(눅 6:35), 제자의 길을 간다는 것은 자신을 내려놓아야 하는 길이기에 얼마나 힘든 길인지 가히 짐작하고도 남습니다.

5장 43절-47절 원수를 사랑하라

43 또 네 이웃을 사랑하고 네 원수를 미워하라 하였다는 것을 너희가 들었으나

44 나는 너희에게 이르노니 너희 원수를 사랑하며 너희를 박해하는 자를 위하여 기도하라

45 이같이 한즉 하늘에 계신 너희 아버지의 아들이 되리니 이는

하나님이 그 해를 악인과 선인에게 비추시며 비를 의로운 자와 불의한 자에게 내려주심이라

46 너희가 너희를 사랑하는 자를 사랑하면 무슨 상이 있으리요 세리도 이같이 아니하느냐

47 또 너희가 너희 형제에게만 문안하면 남보다 더하는 것이 무엇이냐 이방인들도 이같이 아니하느냐

43절에서 보는 바와 같이 전반부에 있는 "네 이웃을 사랑하라"(Ἀγαπήσεις τὸν πλησίον σου)는 말씀은 모세의 율법에서 찾을 수 있습니다(레 19:18). 그런데 "네 원수를 미워하라"(μισήσεις τὸν ἐχθρόν σου)라는 말은 사실상 모세의 율법이 아니라, 바리새인들이 앞의 모세의 율법에 덧붙여 해석한 것이었습니다. 그래서 주님은 이와 같은 잘못된 적용에 대하여 "너희 원수를 사랑하며(ἀγαπᾶτε τοὺς ἐχθροὺς ὑμῶν) 너희를 박해하는 자를 위하여 기도하라"고 44절은 바꾸고 계신 것입니다.

그렇다면 주님은 왜 이와 같은 말씀을 하셨을까요? 그것은 사실상 바리새인들의 유전을 따라 왜곡된 적용과 달리, 이미 모세의 율법은 이와 같은 원수 사랑까지 사랑이라는 본질 속에 포함되어 있다고 보신 것입니다. 사실 여기서 네 이웃을 사랑하라, 원

수를 사랑하라는 말씀 속에 있는 사랑(Ἀγαπήσει)이란 상대방으로부터 나에게 어떤 향기로운 조건을 발견하였기 때문에 거기에 끌린 것이 아니라, 아무런 조건 없이 베푸는 것을 말합니다. 따라서 사랑은 오히려 나에게 대적하는 요소를 가졌음에도 불구하고 나타내는 것입니다. 그래서 주님은 원수를 사랑하라는 말씀을 꺼내심으로, 사랑의 본질이 무엇인가를 분명히 제자들에게 가르치고자 하신 것입니다.

그리고 이와 같은 사랑을 하는 자만이 하나님의 자녀가 되는 자격을 얻는다고 해도 과언이 아닐 것입니다. 즉, 하나님의 자녀는 세상 사람들과는 다르다는 것입니다. 46절에서 보는 바와 같이 세상 사람들은 일반적으로 자기를 사랑하는 자를 사랑하며, 이러한 행동은 심지어 가장 손가락질 받고 있는 당시의 직업인인 세리까지도 이와 같은 사랑은 할 수 있다는 것입니다. 또한 사랑의 대상을 형제에게 한정한다면, 일반인들과 다를 바 없을 뿐만 아니라 이러한 사랑은 유대인들만이 아니라 이방인들도 할 수 있는 것이라 하십니다.

따라서 참된 사랑은 세리도 이방인도 할 수 있는 것을 넘어서, 45절 후반 절에서 보는 바와 같이 마치 하나님께서 일반 은총으로 악인과 선인에게 해를 비추시며, 의로운 자와 불의한 자에게도 비를 내리시는 것처럼, 그렇게 조건 없이 베푸는 것이어야 한다고 보신 것입니다. 그러므로 45절 전반 절에 주님은 제자들에게 "너희는 하나님의 자녀"라고 스스로 말할 수 있으려면, 이처럼 사랑을 실천하는 자가 되어야 "너희 아버지의 아들이 되리니(γένησθε)"라고 말씀하시고 계신 것입니다. 하나님의 자녀입니까? 그렇다면 원수까지도 사랑하라. 주님은 이렇게 우리에게 요구하십니다.

48절 너희도 온전하라

48 그러므로 하늘에 계신 너희 아버지의 온전하심과 같이 너희도 온전하라

우리는 지금까지 주님의 산상수훈을 살펴보고 있는데, 그 중 첫 장의 끝인 5장 48절은 "그러므로(οὖν) 하늘에 계신 너희 아버지의 온전하심과 같이 "너희도 온전하라"(Ἔσεσθε ὑμεῖς τέλειοι)"라고 마무리하고 계십니다. 먼저 우리는 여기서 "그러므로"(οὖν)라는 말에 좀 집중해 보고자 합니다. "그러므로" 이 말은 어떤 말

의 끝, 결론적인 의미를 내포하는 단어이지요. 따라서 우리는 바로 위에서 원수조차도 사랑의 대상이 되며, 이와 같은 사랑을 실천하는 자들이 바로 하나님의 자녀가 됨을 살폈습니다. 물론 48절의 이 말씀은 단락적으로는 43절부터 시작한 것처럼 볼 수 있으나, 이 말씀은 21절부터 시작된 말씀의 결론인 것입니다. 사실 우리는 죄성(罪性)을 타고난 존재라서 참된 사랑, 즉 아가페적인 사랑을 하기에는 너무나 흠이 많고 부족한 존재임을 잘 알고 있습니다. 그럼에도 참된 제자는 율법의 그 본질적인 의미를 깨닫고 참사랑을 실천하는 자가 되어야 한다면서, 그 결론으로 "하늘에 계신 너희 아버지의 온전하심과 같이" "너희도 온전하라"라고 명(命)하십니다.

그런데 주님은 "너희가 온전하라"가 아니라, 하나님의 온전하심을 먼저 말씀하신 후에, "너희도 온전하라"라고 말씀하십니다. 여기서 보는 바와 같이 하나님의 온전하심은 곧 의의 표준을 말씀하시는 것으로, 사람은 아무리 이와 같은 온전함에 이르려고 해도 불가능한 존재입니다. 자, 그렇다면 주님은 우리 인간의 본성을 모르고 이렇게 말씀하신 것일까요? 모르실 리 없지 않은가요? 그런데 왜 "너희도 온전하라"라고 말씀하실까요? 사실 하나님은 타협하시지 않는 분이시지요. 하나님은 오직 그의 온전하심과 같이 너희도 온전하라고 명령하실 수 있습니다. 그런데 계속 우리는 반복적인 논의를 하고 있지만, "우리는 불가능합니다"라고 대답할 수밖에…. "우리는 결코 율법이 요구하는 그 요구를 충족할 수 없는 존재입니다"라고 고백할 수밖에…. 여기서 우리는 주님께서 말씀하시고자 하시는 그 요지를 찾도록 노력해야 합니다. 그 요지는 바로 이것이 아닐까요? 즉, 비록 우리는 이처럼 온전할 수가 없지만, 사람의 몸을 입고 오신 주님은 온전하셨으며, 하나님의 의의 기준을 만족시키셨음을…(고후 5:21).

따라서 우리는 우리 스스로 온전할 수 없지만, 온전하신 그리스도 안에서 그 온전하심을 옷 입을 수 있다는 점을 여기서 배우게 됩니다. 그리고 하나님의 온전하심은 "하나님의 사랑"을 통해 드러나시며, 그 사랑의 끝은 바로 예수 그리스도이심도 배우게 됩니다. 그러므로 하나님께서 그 사랑 안에서 온전하심과 같이, 우리도 예수 그리스도 안에서 온전하여지도록 힘을 다하여 경주해야 하는 것입니다. 이것은 해도 되고 하지 않아도 되는 것이 아니라, 제자들에게 명하신 명령입니다. "너희도 온전하라", "하나님의 사랑 안에서"

마태복음 6장

6장 1절 사람에게 보이려고

1 사람에게 보이려고 그들 앞에서 너희 의를 행하지 않도록 주의하라 그리하지 아니하면 하늘에 계신 너희 아버지께 상을 받지 못하느니라

우리는 지금까지 산상수훈 제5장을 살폈습니다. 그 주된 내용은 참된 복이 무엇인지, 그리고 나아가 바리새인의 잘못된 율법의 해석과 가르침에 대하여 성경적 율법의 본질이 무엇인지에 대하여 주님의 교훈을 따라 살폈습니다. 그리고 이제 시작되는 6장에서는 이와 같은 율법의 본질을 따라 구제(2-4절), 기도(5-15절) 및 금식(18-18절)과 관련하여 율법을 실행하는 구체적인 방법을 주님의 교훈에 따라 배우려 합니다.

6장 1절은 위와 같은 주님께서 율법 실행을 위한 구체적인 방

법을 가르침에 있어, 기본원리로 제시된 것입니다. 즉, "사람에게 보이려고" "너희 의를 행하지 않도록 주의하라"고 하신 말씀이 바로 그것입니다. "사람에게 보이려고"(ἀνθρώπων πρὸς τὸ θεαθῆναι) 하는 행동은 당시 아마 바리새인들에게 잘 나타났던 것으로 보입니다. 그래서 주님은 이미 앞 장에서도 바리새인들의 율법에 대한 잘못된 해석과 적용을 꼬집었을 뿐만 아니라, 앞으로 계속해서 이들의 잘못된 율법을 실행하는 방법에 대하여 비판하시는 것을 보게 될 것인데, 그 주된 바리새인들의 모습이 바로 "사람에게 보이려고"하는 소위 위선적인 모습이었습니다.

   즉, 이들은 자신의 의를 들어내기 위하여 사람들 앞에서 보이도록 행동하는 것이 그 특징이었습니다. 여기서 "의"(δικαιοσύνη)라는 것은 본래 사람과 다른 사람과의 사이에 드러나는 것이 아니라, 사람과 하나님과의 사이의 문제입니다. 따라서 자신의 행위를 사람들 앞에서 과시하면 안 되는데, 바리새인들은 여지없이 하나님의 의를 자신의 의로 바꾸어, 자신이 얼마나 의로운 자인지에 대하여 앞으로 살필 구제와 기도와 금식을 통하여 자랑거리로 만들고 있다는 점에서, 주님은 제자들에게 이와 같은 바리새인들의 모습을 경계(주의)하라(Προσέχετε)고 하신 것입니다. 그리고 이와 같이 자신의 의를 드러내는 자들은 이미 그 모습으로 사람들에 칭찬을 유도해 낸 것이며, 이것이 그에게는 이미 상을 받은 것이라 봅니다. 따라서 하늘 아버지를 통하여 받을 상급(μισθòν)은 없습니다.

우리는 6장 1절을 통해서 먼저 이 점부터 생각하고 시작을 해 보도록 하겠습니다. 바리새인과 같이 다른 사람의 칭찬을 받기 위한 자기 의의 과시가 아니라, 구제와 기도 및 금식, 나아가 그 외의 믿음의 일에 있어 "우리의 모든 행위는 하나님을 향한 예배가 되어야 한다"는 것을 잊어서는 안 됩니다. 이 문제와 관련하여 구체적인 내용은 구제로부터 금식에 이르기까지, 나아가 더 다른 영역에 이르기까지 하나하나 앞으로 살피겠지만, 먼저 생각해 둘 것은, 그동안 "하나님 앞"(coram Deo)이 아닌 "사람 앞"에서 행한 것이 없는가? 반성이 필요합니다.

6장 2절-4절 너희 앞에 나팔을 불지 말라

2 그러므로 구제할 때에 외식하는 자가 사람에게서 영광을 받으려고 회당과 거리에서 하는 것 같이 너희 앞에 나팔을 불지 말라 진실로 너희에게 이르노니 그들은 자기상을 이미 받았느니라

3 너는 구제할 때에 오른손이 하는 것을 왼손이 모르게 하여
4 네 구제함을 은밀하게 하라 은밀한 중에 보시는 너의 아버지
께서 갚으시리라

우리가 앞서 살핀 바와 같이 율법의 본질에 따라 그 실행 방법
은 우선 1절에서 이미 본 바와 같이 "사람에게 보이려고 너희 의
를 행하지 않도록 주의하라."는 말씀을 상고하였습니다. 바로 이
말씀의 연장선상에서, 우리는 먼저 구제(ἐλεημοσύνην)와 관련하
여 외식하는 자들이 하는 것과 같이 하지 말라 하십니다. 그렇다
면 외식하는 자들은 어떤 방법으로 그 선을 드러내고 있는가요?

이 외식(ὑποκριταὶ)이라는 말은 본래 그리스 극장에서 생긴 것
으로, 가면을 쓴 사람을 가리키는 말입니다. 신약성경에서 이 단
어는 보통 스스로 속이는 거듭나지 못한 사람을 가리킵니다. 본
절에서 이러한 사람은 그의 구제 행위가 은밀하게 이루어지는
것이 아니라, 회당과 거리에서 사람들이 많이 주목하는 곳에서
이루어졌으며, 이런 모습을 주님은 "나팔을 분다"(σαλπίσῃς/ do
sound a trumpet)고 표현하고 계십니다. 그리고 이러한 자는
이미 앞서 1절에서도 살핀 바와 같이, 사람의 칭찬을 통하여 자
기의 상을 이미 받은 자들입니다. 따라서 이들은 하늘 아버지께

서 주시는 상은 받을 수 없습니다.

　그러면 바른 구제는 어떻게 해야 하는 것일까요? 주님은 첫째, 3절에서 보는 바와 같이 오른손이 하는 것을 왼손이 모르게 하라고 하십니다. 사실 오른손이 하는 일을 왼손이 모를 리 있겠냐만은, 여기서 말씀하시는 요지는 자신이 구제하고 있다는 사실조차 모를 정도로 신속하게, 그리고 주저하지 말고, 또한 마음에 기억하여 되갚음을 받을 생각을 가지지 말며, 심지어 스스로 생각하기를 "남을 구제하노라" 하는 자신 앞에서의 의식마저 갖지 않는 마음을 일컫는 것입니다.

　둘째, 구제는 은밀하게 하라고 4절에서 말씀하십니다. 여기서 말하는 은밀함(κρυπτῷ)은 타인을 의식하고 그들이 보는 앞에서 드러내 놓는 것과 달리, 남몰래 한다는 의미입니다. 그러나 이 말씀은 여기서 그치는 것이 아니라, 이미 3절에서 본 바와 같이 자신 앞에서도 은밀하게 하라는 말씀이 포함되어 있습니다. 즉, "내가 선을 행한다. 나는 귀한 사람이다"라고 하는 의식마저 갖지 않는 것이, 바로 은밀하게 하는 것입니다. 만약 자신의 마음속에 구제를 통해 자기만족을 얻고 있다면, 이것 역시 그가 행한 선의 가치를 잃어버리는 것입니다. 하나님은 남에게도 자랑하지 않고,

자신 앞에서도 자긍함이 없는 선을 귀히 여기십니다.

혹시 우리가 남에게 베푼 일로, 그 상대방이 인사를 하지 않아 서운해한 적이 있는가요? 또 그 상대방에게 선을 행하였다는 것 때문에, 그 상대방 앞에서 너무 당당한 처신을 한 적은 없는가요? 이러한 모습은 참된 구제가 아니라, 주님께서는 위선이라고 말씀하십니다. 구제로 내 손을 떠난 것에 대해서는 더 이상 돌아보지 않는 마음이 필요합니다. 또한 이전 일을 회상조차 하지 않아야 합니다. 이것이 참된 구제이며, 하나님께 상 받을 만한 귀한 나눔인 것입니다.

6장 5절-8절 기도 할 때에

5 또 너희는 기도할 때에 외식하는 자와 같이 하지 말라 그들은 사람에게 보이려고 회당과 큰 거리 어귀에 서서 기도하기를 좋아 하느니라 내가 진실로 너희에게 이르노니 그들은 자기상을 이미 받았느니라

6 너는 기도할 때에 네 골방에 들어가 문을 닫고 은밀한 중에 계신 네 아버지께 기도하라 은밀한 중에 보시는 네 아버지께서

갚으시리라

7 또 기도할 때에 이방인과 같이 중언부언하지 말라 그들은 말을 많이 하여야 들으실 줄 생각하느니라

8 그러므로 그들을 본받지 말라 구하기 전에 너희에게 있어야 할 것을 하나님 너희 아버지께서 아시느니라

기도할 때에(ὅταν προσεύχησθε) 예수님 당시 유대인, 특히 바리새인들의 기도 모습을 지적하시면서, 참된 기도는 어떻게 하는 것이 좋을 것인가에 대하여, 주님은 다음과 같은 말씀을 하십니다. 그리고 우리가 다음에 보겠지만, 그 기도의 모범과 내용은 "주님께서 가르쳐 주신 기도"에 구체적으로 드러날 것입니다. 우선 이곳에선 기도의 내용이 아니라, 기도의 방법 또는 태도에 대하여 살피기로 하겠습니다.

자, 그렇다면 주님께서 본받지 않아야 할 당시 유대 바리새인들의 기도 모습은 어떠했는가요? 당시 바리새인들은 5절에서 보는 바와 같이 외식하는 기도를 한 것으로 보입니다. 그렇다면 그 외식하는 기도의 구체적인 모습은요? 그들은 사람에게 보이기 위한 기도를 하였으며, 이와 같은 외식하는 기도는 자연히 사람이 많이 모이고, 잘 보이는 곳에서 이루어졌던 것으로 보입니

다. 즉, 장소적으로 보면 회당이나 큰 거리 어귀에 서서, 기도하기를 좋아하는 이들이 바로 바리새인과 같은 외식하는 자들의 기도 모습이었습니다.

그리고 7절에서 보는 바와 같이 그들의 기도는 길고도 반복적으로 하는 것이었는데, 주님은 길고도 이렇게 반복적으로 중얼거리는 기도를 "중언부언"(βατταλογήσητε/ do use vain repetitions)하는 기도라 하였습니다. 물론 하나님의 응답이 있기까지 끈질기게 기도하는 것이 잘못되었다는 것도 아니며, 또한 기도 시간을 많이 가지는 것 자체가 또한 문제 된다고 볼 수 없습니다. 그러나 이처럼 중언부언하면서 길게 시간을 드린다고 해서 하나님께서 응답하시는 것은 아니라는 것입니다. 그래서 8절에서 이들이 하는 기도를 "본받지 말라"(μὴ ὁμοιωθῆτε)고 하시며, 이러한 바리새인들의 기도 모습은 사실상 그들의 의를 들어내기 위한 것이었기에, 5절 후반 절에서 그들은 그들의 상을 이미 받은 것이라 하십니다.

그렇다면 우리가 주님을 통하여 배워야 할 기도의 방법 또는 태도는 어떤 것일까요? 물론 방금 언급한 바리새인의 기도 방법을 피하는 것이겠지만, 성경은 구체적으로 다음과 같이 말씀하고 계십니다. 먼저 기도는 골방에 들어가 문을 닫고 은밀한 중에 계시는 네 아버지께 기도하라고 하십니다. 여기서 말하는 골방(ταμεῖόν)이란 오늘날처럼 잘 만들어진 시설과는 동떨어진, 사실 주님 당시의 시설로 보면 이것은 사람들이 왕래하지 않는 헛간 정도로 보면 될 것 같습니다. 물론 공동체가 모여 함께 기도하는 것 자체를 여기서 반대하는 것은 아니고, 개인적인 기도를 함에 있어, 그렇게 하라는 것으로 이해하는 것이 옳을 것 같습니다. 그리고 "은밀한 중에 계시는 네 아버지께 기도하라"고 하신다. "은밀한 기도"(πρόσευξαι...τῷ κρυπτῷ)란 그 어떤 기도에 있어서든지 명예심이나 자기표현을 위하지 않고, 오직 하나님에게만 기도하는 것으로, 이러한 기도는 때로는 밀실이 아닌 곳일지라도 밀실과 같은 마음가짐으로 기도하는 것을 말합니다. 다만 공개된 장소에서 기도하기엔 집중력이 떨어지는 것은 사실이기 때문에, 기도의 골방이 더 기도하기에는 좋은 곳입니다.

그리고 또한 기도는 중언부언을 피하기 위해 질서 있게 해야 합니다. 그리고 기도는 간절함으로 해야 합니다. 또한 말을 많이 해야 하나님께서 나의 기도에 설득을 당하실 것이라는 생각을 버려야 합니다. 그러므로 성경이 말하는 기도는 말보다 마음에서 쏟아지는 간절한 기도입니다. 겟세마네 동산에서 주님께서 잡히시기 전날 밤에 기도하셨던 모습을 생각해 보십시요(마 26:36-43). 경건한 마음은 그 간절함을 가지고 화살같이 하늘을 찌를 수 있습니다.

　바리새인의 기도 모습과 달리 주님께서 말씀하시는 기도의 방법에 따를 때, 기도의 응답이 우리를 기다리고 있을 것입니다. 그런데 8절 후반 절에는 "구하기 전에 너희에게 있어야 할 것을 하나님 너희 아버지께서 아시느니라"라고 하셔서, 혹 기도는 필요하지 않는 것으로 오해하지 않을까요? 그런데 방금 우리가 본 것처럼 바리새인들의 기도와 달리 바른 기도의 방법을 주님께서 말씀하고 계신다는 것은, 기도의 필요성을 분명히 가르치고 계신 것입니다. 그렇다면 위 말씀의 의미는 무엇일까요? 그것은 1) 하나님께서 우리의 필요를 먼저 아시지만, 우리의 필요는 기도를 통하여 이루실 것을 말씀하시고 계시다는 것(눅 18:1-8), 2) 하나님은 우리를 결코 기계와 같은 존재로 보시는 것이 아니라, 인격적인 존재로 보십니다. 따라서 하나님께 간구할 골방이 필요한 것이며, 또한 그 골방의 기도 중에 은밀히 보시는 주님께서 도우실 것이기 때문입니다.

6장 9절 하늘에 계신 우리 아버지여

> 9 그러므로 너희는 이렇게 기도하라 하늘에 계신 우리 아버지여 이름이 거룩히 여김을 받으시오며

우리는 바로 앞에서 바리새인들의 기도와 주님께서 가르쳐 주시는 기도의 방법 또는 태도에 차이가 있음을 확인하였습니다. 종교개혁자 칼빈도 위의 말씀을 따라 그의 "기독교강요"에서 기도의 네 가지 법칙을 제시하였는데, 그 내용을 살피면 1) 기도는 하나님의 존엄하심을 깊이 생각하여 경외(敬畏)함으로, 2) 진심으로 부족을 느끼며 회개하는 마음으로, 3) 자기 신뢰를 버리고 겸손하게 용서를 빌며, 4) 확신 있는 소망을 가지고 하라고 합니다(3.20.4-14).

이제 우리는 "주님께서 가르쳐주신 기도"(이하 주기도문)를 살피고자 하는데, 여기는 크게 두 부류로 나눌 수 있습니다. 즉, 주기도문 6장 9절부터 10절까지의 세 기원은 하나님의 영광을 위한 것이 중심이라면, 11절부터 13절까지의 세 기원은 우리 자신의 유익을 위하여 구해야 할 것에 관한 내용입니다. 그러나 후자도 하나님의 영광과 분리될 수 없음을 간과해서는 안 됩니다. 칼

빈도 뒤의 세 기원이 우리 자신의 유익과 관계되지만, 그럼에도 이 기원을 드릴 때에 우리 자신의 유익을 생각하지 않고, 오직 하나님의 영광만을 목표로 삼아, 이 한 가지 일에만 관심을 두어야 한다고 했습니다. 그러므로 일용할 양식을 주옵소서 할 때에도 우리 자신의 유익을 기원하는 것이지만, 우리는 특히 하나님의 영광을 구해야 한다는 것입니다. 만일 하나님의 영광을 구하는 것이 아니면, 이 양식도 구하지 않겠다는 생각을 가져야 한다고 말합니다(3.20.35).

이제부터 우리가 주기도문을 살핌에 있어, 칼빈의 기독교강요를 중심으로 개관하고자 합니다. 그 이유는 개혁주의의 대표적인 신학자일 뿐만 아니라, 그는 성경이 아니고는 말할 수 없다고 한 바와 같이 "오직 성경"(Sola Scriptura) 안에서 성경을 말하고 있기 때문입니다. 오래전 2년간 특강했던 기억을 되짚어가며, 정리 해 보고자 합니다.

먼저 우리의 기도는 하나님 아버지께 드리는 것입니다. 그것도 "우리 아버지"(Πάτερ ἡμῶν)라고 호칭을 하게 하십니다. 따라서 우리는 모든 기도를 다만 그리스도의 이름으로 하나님께 드려야 하며, 다른 이름으로 하는 기도는 모두 하나님의 뜻에 맞지 않습니다. 하나님께서는 그리스도 안에서 우리를 은혜의 자녀로 삼아주시지 않았다면, 누가 감히 하나님의 아들로서의 영예를 주장할 수 있겠는가요? 그래서 사도 요한은 하나님의 독생자의 이름으로 믿는 사람들에게는 하나님의 자녀가 되는 특권을 주셨다고(요 1:12) 말했습니다.

하나님께서는 자신을 우리의 아버지라고 부르시고, 우리가 그를 대할 때에도 이렇게 부르기를 원하십니다. 그리고 우리에 대한 그의 무한하신 사랑을 증명하시는 데는, 우리를 "하나님의 자녀"라고(요일 3:1) 부르는 것 이상 더 확실한 증거는 없습니다. 심지어 땅에 있는 모든 아버지들이 아버지로서의 사랑을 잊으며 자기 자녀들을 버린다고 하더라도, 하나님께서는 절대로 우리를 버리지 않을 것입니다(시 27:10; 사 63:16). 그 이유는, 하나님께서는 자기 자신을 부인할 수 없기 때문입니다(딤후 2:13)(3.20.36).

이처럼 하나님을 "우리 하나님"으로 부르게 하신 것은, 우리를 고무할 것입니다(3.20.37) 자비의 아버지시며 모든 위로의 하나님(고후 1:3), 그는 "우리의 아버지"이시기 때문에, 자녀들의 눈물과 신음에 더욱 주목하사 직접 당신에게 호소할 것을 권고하십니다. 그리고 우리가 그리스도인이라면 하나님께서는 우리에 대해 우리가 그를 "아버지"라고 부를 뿐만 아니라, "우리 아버지"라고 분명하게 부르기를 원하십니다. 비록 우리 자신을 볼 때는 하나님 아버지를 가질 가치가 전혀 없지만, 그럼에도 당신께서는 우리를 향해 아버지로서의 애정만을 품으신다는 것을 확신하며, 아무것도 의심하지 않기 때문에 당신의 자식들인 우리는 당신을 부르며 기도드리는 것이라 칼빈은 말하고 있습니다. 다만, 이때 우리가 더욱 하나님을 "아빠, 아버지"라고 부르기 위해, 성령님의 강력한 도움을 요청해야 합니다.

그리고 나아가 "우리 아버지"라는 호칭은 우리와 교우들과의 친교를 확립하게 합니다(3.20.38) 하나님을 "내 아버지"라고 부르지 않고, "우리 아버지"라고 부르라는 이유는 무엇일까요? 이는 우리들 사이에 큰 형제애가 있어야 한다는 경고이기도 합니다. 그러므로 그리스도인의 기도는, 그리스도 안에 있는 모든 사람을, 즉 현재 눈에 보이며 그렇게 인정하는 사람뿐 아니라, 땅에 사는 모든 사람을 기도 중에 기억해야 한다는 법칙과 일치합니다. 그러나 다른 사람들보다 믿음의 가족 곧 바울이 모든 일에 있어서 특히 우리에게 부탁한 사람들에 대해서(갈 6:10) 특별히 애정을 품는 것이 마땅합니다.

그런데 "우리 하나님"은 "하늘에 계신"(ἐν τοῖς οὐρανοῖς) 하나님이십니다(3.20.40). 본문에 "하늘에 계신"이란 말을 첨부하고 있는 의미는 무엇일까요? 사실 여기서 말하는 하늘은 특수한 공간을 말하는 것이 아닙니다. 그래서 칼빈은 "하늘에 계신"이라는 표현은 1) 우리 인간은 하늘보다 더 숭고하거나 존엄한 것을 볼 수 없기 때문에 하늘이라는 말로 그의 영광을 표시하게 된 것이며, 2) 그를 부패하게 하거나 변하지 않는 영역으로 높이게 되며, 3) 하나님께서 그의 위대한 힘으로 우주 전체를 포용하시며 유지하시며 지배하신다는 것을 의미한다고 말합니다.

6장 9절 이름이 거룩히 여김을 받으시오며

9 그러므로 너희는 이렇게 기도하라 하늘에 계신 우리 아버지여 이름이 거룩히 여김을 받으시오며

주님께서 가르쳐 주신 기도인 주기도문은 앞서 본 바와 같이 "하늘에 계신 우리 아버지"로 시작하는데, 그 의미를 다시 한 번 짚고 간다면 다음과 같습니다. "아버지"라는 이름이 우리의 눈앞에서 그려 주는 하나님은, 우리에게 확신을 품고 기도를 드

릴 수 있도록, 자기 자신의 형상으로 우리에게 나타나신 그 하나님이시다는 점이 첫째 의미이고, 둘째는 하나님의 보좌가 하늘에 있어서 온 우주가 그의 지배하에 있으므로, 그리고 그가 기꺼이 우리에게 즉각적인 도움을 주시기 때문에, 우리는 공연히 그의 앞으로 나아가는 것이 아니라는 생각을 반드시 하게 된다는 점입니다.

그리고 주님은 아버지에 대해서 두 가지를 말씀하셨는데, 그 하나는 우리는 하나님을 믿어야 한다는 것이며, 다른 하나는 우리의 구원을 하나님께서 잊지 않으신다는 것을 확신해야 한다는 것입니다. 그러므로 기도는 마음의 의혹과 혼란이 아닌, "하늘에 계신 우리 아버지"께서 우리의 기도와 도고를 들으시고 응답하신다는 분명한 확신이 선행되어야 합니다.

이와 같은 주기도문은 앞서 본 바와 같이 "하나님 우리 아버지여"라고 시작을 했습니다. 그리고 이제 하나님 영광을 위한 세 기원 중 그 첫째 기원은 "이름을 거룩히 여김을 받으시오며"(Ἁγιασθήτω τὸ ὄνομά σου)라 시작합니다(3.20.41). 이 말의 의미는 "하나님이여, 주의 이름과 같이 찬송도 땅끝까지 미쳤으며"라는 시편 기자의 찬송처럼(시 48:10), 하나님의 이름이 알

려진 곳에서는 그의 권능도 나타나지 않을 수 없다는 점, 그리고 그의 위력, 선하심, 지혜, 공의, 자비, 진리 등에 우리는 경탄하지 않을 수 없으며, 따라서 그를 찬양하지 않을 수 없다는 점을 가르칩니다.

그런데 하나님께서는 이처럼 당연히 영광을 받으셔야 하고, 우리는 언제나 반드시 최고의 경의를 품어야 함에도 현상은 신성모독으로 만연되어 있습니다. 우리 사이에는 조금이라도 경건한 기풍이 있다면 이런 말로 표현할 필요가 없겠지만, 현실은 그렇지 못하기 때문에 기도 중에라도 관심을 가지라고 명령하신 것입니다.

칼빈은 이 점에서, 우리가 여기서 받은 명령은 하나님께서 그의 거룩한 이름을 수호하셔서, 모든 경멸과 불경을 물리치실 뿐 아니라, 전 인류를 복종시키셔서 하나님의 이름을 경외하게 만드시기를 기원하라는 것이라 말합니다. 그러나 이 기원은 거룩한 하나님의 자비하심과 엄격하심을 찬양하는 것에 그치는 것이 아니라, 하나님을 향한 모든 비방과 조롱이 추방되고, 모든 모독 행위를 침묵시키고, 존엄하신 하나님께서 더욱더 빛나시게 되도록 하시려는 데 목적도 있다고 봅니다.

6장 10절 나라가 임하시오며

10 나라가 임하시오며 뜻이 하늘에서 이루어진 것 같이 땅에서
도 이루어지이다

10절은 주님께서 가르쳐 주신 기도(주기도문)의 첫 번째 세
기원 중 둘째 기원으로, 그 내용은 "(당신의) 나라가 임하시오
며"(Ἐλθέτω ἡ βασιλεία σου)입니다.(3.20.42) 이 기원은 하나님
께서 그의 거룩한 이름을 더럽히는 것을 모두 사로잡아 마침내
완전히 격멸시키시기를 원하는 첫 번째 기원(이름이 거룩히 여
김을 받으시오) 다음으로, 거의 꼭 같은 것 하나 더 첨가한 것입
니다.

이러한 하나님 나라의 통치권은 사람들이 자기를 부정하고, 세
상과 지상 생활을 경멸함으로써, 하나님의 의를 구하기로 약속
하며, 하늘 생명을 얻으려고 노력할 때 나타나는 것입니다. 따라
서 "나라가 임한다는 것"은 1) 하나님께서 그에게 항거하는 모든
육의 정욕을 그의 영의 힘으로 바로 잡고, 2) 우리의 모든 생각
을 그의 법도에 맞도록 인도하신다는 두 부분으로 구성됩니다.

이처럼 하나님의 말씀은 왕의 홀(笏)과 같으므로, 우리는 여기서 모든 사람의 생각과 마음이 그 말씀에 기꺼이 복종하도록 만드시기를 하나님께 기원하라는 명령을 받고 있는데, 이 일이 나타나는 것은 하나님께서 그의 은밀한 감동을 통해서 그의 말씀의 역사를 나타내시고, 그 말씀이 마땅히 받을 높은 영예를 받게 되는 때입니다. 물론 하나님의 권위에 미친 듯이 한사코 거역하는 방자한 자들은 길들이시며, 또한 길들일 수 없는 자들은 그 교만을 꺾으시면서, 전 우주를 굴복시켜 하나님의 나라를 세우십니다.

이와 같이, 이 기도는 우리를 세상의 부패에서 물러서게 하려는 것인데, 이 세상의 부패는 오히려 우리를 하나님으로부터 분리시킴으로써 그의 나라가 우리 안에서 번영하지 못하게 합니다. 그러므로 이 기도는 동시에 육을 죽이려는 열심을 일으켜야 합니다. 그리고 이 기도에서 우리는 십자가를 지는 법을 배워야 하는데, 하나님께서 이런 방법으로 나라를 확장시키시고자 하시기 때문입니다. 따라서 우리는 속사람이 새로워지고 겉 사람이 낡아지는 것을 섭섭하게 생각해서는 안 됩니다(고후 4:16). 그 이유는 하나님 나라에서는 우리가 그의 의에 순종하는 동시에 하나님께서 우리를 그의 영광에 참여하게 하시기 때문입니다.

6장 10절 뜻이 하늘에서 이루어진 것 같이

10 나라가 임하시오며 뜻이 하늘에서 이루어진 것 같이 땅에서도 이루어지이다

10절 후반 절은 "뜻이 하늘에서 이루어진 것 같이 땅에서도 이루어지이다"라는 첫 번째 세 기원 중 셋째 기원의 내용입니다(3.20.43). 이 기원은 우리가 하나님의 나라에 의존하며 하나님 나라에서 분리될 수 없는 것이지만, "하나님이 우주를 통치하신다"는 뜻을 쉽게 또는 즉시 이해하지 못하는 우리의 무지 때문에 따로 첨가된 것입니다. 그러므로 만물이 하나님의 뜻에 복종할 때 하나님께서는 우주의 왕이 되신다고 하는 것을 이 기원에 대한 설명으로 보아도 불합리하지 않다는 것이 칼빈의 견해입니다.

그리고 여기서 말하는 하나님의 "뜻"(θέλημά)은 은밀한 것이 아닙니다. 또한 만물을 주관하시며 그 목적을 향하여 인도하시는 은밀한 뜻이 아닙니다. 하늘에서는 하나님의 뜻이 아닌 일을 아무것도 행해지지 않으며, 천사들도 완전히 평화롭고 공정한 생활을 함께하고 있는 것과 같이, 지상 생활도 이런 표준을 따르며 모든 교만과 사악이 제거되기를 우리는 기도해야 한다는 의미에

서의 "뜻"으로 이해해야 한다고 칼빈은 생각합니다.

그래서 칼빈은 이 일을 기도한다는 것은 우리의 육의 욕망을 버리는 것을 의미하며, 또한 이 기도에 의해서 우리는 하나님께서 그의 뜻대로 우리를 주관하실 뿐만 아니라, 우리 안에 새로운 마음과 심력을 창조하시도록(시 51:10) 우리 자신을 부정하는 것을 배우게 합니다. 요약하면, 우리는 이 기도를 통하여 우리 자신에게 아무것도 기대하지 않고, 하나님의 영이 우리의 심령을 주관하실 수 있게 합니다. 그리고 우리는 영의 내적인 이끄심을 받아, 하나님을 기쁘시게 하는 것을 사랑하며, 하나님을 불쾌하게 하는 것을 싫어하게 됩니다. 그 결과로 우리가 원하는 것은, 하나님께서 그의 뜻과 모순된 우리의 모든 감정을 허망하고 무력하게 만들어 주시는 것입니다.

이상과 같이 우리는 주기도문 첫째 부분의 세 기원을 살폈는데, 여기 하나님의 영광과 관련한 칼빈의 결론은 다음과 같습니다. 주기도문의 처음 세 기원을 드릴 때 우리는 하나님의 영광만을 목표로 삼고, 자신이나 자신의 이익은 생각하지 않아야 합니다. 우리가 여기서 기원하는 일들은 우리가 원하고 구하지 않아도 때가 오면 나타날 것이지만, 우리는 여전히 원하고 구해야 합니다. 또 이렇게 하는 것이 우리에게 적지 않은 가치가 있습니다. 이렇게 기원함으로써 우리는 하나님의 영예를 위하여 전력을 다하겠다고 열렬하고 성실하고 철저하게 맹세를 한 종과 자녀임을 증거하며 고백하는 것입니다. 우리는 우리의 주시며 아버지이신 하나님께 이렇게 할 의무가 있습니다. 그러므로 하나님의 영광을 촉진시키겠다는 소원과 열의를 품고 "이름이 거룩히 여김을 받으시오며", "나라이 임하옵시며", "뜻이…땅에서도 이루어지이다"라고 기도하지 않는 사람은 하나님의 자녀와 종으로 인정되어서는 안 될 것입니다.

6장 11절 오늘 우리에게 일용할 양식을 주시옵고

11 오늘 우리에게 일용할 양식을 주시옵고

주기도문 11절은 "오늘 우리에게 일용할 양식을 주시옵고"(Τὸν ἄρτον ἡμῶν τὸν ἐπιούσιον)라는 두 번째 우리의 유익을 위한 세 기원 중 첫째 기원입니다(3.20.44). 하나님께서는 처음 세 기원을 통해 우리를 전적으로 자신에게로 이끄셔서 우리의 경건을 입증하게 하신 다음, 우리 자신의 일을 돌보시도록 그 다음의 세 기원을 허락하시는데, 거기에는 제한이 있습니다. "일용할 양식"(Τòν ἄρτον …ἐπιούσιον)을 구하는 이 기원은 비단 육신에 필요한 음식과 의복뿐만이 아니라, 평안한 마음으로 일상생활을 할 수 있도록 하는 것까지 포함합니다. 말하자면, 이렇게 기도함으로써 우리는 우리 자신을 하나님의 보호와 섭리에 일임하여, 그가 먹여 주시고 보호해 주시도록 기원하는 것입니다.

그런데 마지막의 세 기원 중 먼저 일용할 양식부터 구하게 한 것은, 그림자 같은 짧은 현세의 생명이 영원불멸의 생명보다 더 중요한 것으로 어리석게 생각하는 우리들을 위한 배려입니다. 그러므로 죄의 용서가 신체의 영양보다 훨씬 더 중요하지만, 그리스도께서는 낮은 것을 앞에 두셔서 우리를 점진적으로 남는 두 가지 기원으로 -천상생활에 속하는 기원으로- 인도하시고자 하신 것입니다. 그런데 여기서 우리에게 일용할 양식을 구할 것을 명령하시지만, 이 양식은 선물이며 은혜라는 사실을 명심해야 합니다.

그리고 이 양식은 무제한적인 욕망을 억제하기 위하여, 우리의 소유가 필요 이상으로 풍부할 때 쾌락과 오락과 허식과 기타 사치에 허비한다는 우리의 죄성(罪性)을 아시기 때문에, 그날그날

쓰기에 충분한 정도로만 구하라고 명령하십니다. 또한 우리가 이렇게 구할 때 내일도 틀림없이 일용할 양식을 공급해 주실 것임을 확신해도 좋다는 것입니다. 그런데 칼빈은 우리의 손에 있는 것까지도 주께서 시간마다 조금씩 우리에게 주시고, 그것을 쓰는 것을 허락하시지 않는다면, 그것이 우리의 것이 되지 못한다는 점을 광야의 만나의 예를 통하여 지적하고 있습니다. 이는 마치 "내 영혼아 평안히 쉬고 먹고 마시고 즐거워하리라"라고 하더라도 "오늘 밤에 네 영혼을 도로 찾으리니 …누구의 것이 되겠느냐?"(눅 12:19-20)한 못난 부자처럼….

그런데 우리가 여기서 깊이 상고해야 할 것이 있습니다. 즉, 이 기원 속에는 "우리의"(ἡμῶν) 일용할 양식이라고 하는데, 이 의미 속에는 우리가 정당하고 무해한 노고에 의해서 얻은 것은 우리의 것이라고 부르지만, 사취(詐取)한 것과 강탈한 것은 그렇지 못하다는 의미를 포함하고 있습니다. 다른 사람을 해하면서 얻은 것은 모두 다른 사람의 것이기 때문입니다. 그러므로 일용할 양식은 우리 자신의 기술과 근면한 손으로 얻은 것같이 보일 때라도, 그것은 하나님께서 주신 선물이며, 우리의 수고가 참으로 좋은 결과를 나타내는 것은 오직 하나님의 복이 있을 때뿐이라는 점을 칼빈은 지적하고 있습니다. 특히 그는 이와 같은 관점에서 직업을 이해합니다. 그래서 직업(vocation)도 일용할 양식을 위한 것이지만, 이것 역시 부르신(vocacio) 소명(calling)이라는 사실입니다. 따라서 모든 직업은 성직인 것입니다. 우리가 일상생활을 위한 직장 역시 그곳에 하나님께서 거룩하게 불러 세운 것임을 간과해서는 안 됩니다. "네가 선 곳은 거룩한 곳이니, 네 발에서 신을 벗으라"하십니다.

6장 12절-15절 우리 죄를 사하여 주시옵고

12 우리가 우리에게 죄 지은 자를 사하여 준 것 같이 우리 죄를 사하여 주시옵고

14 너희가 사람의 잘못을 용서하면 너희 하늘 아버지께서도 너희 잘못을 용서하시려니와

15 너희가 사람의 잘못을 용서하지 아니하면 너희 아버지께서도 너희 잘못을 용서하지 아니하시리라

주기도문 12절은 "우리 죄를 사하여 주시옵고"(ἄφες ἡμῖν τὰ ὀφειλήματα ἡμῶν)라는 두 번째 기원 중 둘째 기원으로(3.20.45), 여기서 "우리 죄를 사하여 주시옵고"라는 기원은(마 6:12) 우리

가 죄인임을, 그리고 죄의 용서는 하나님께 있음을 말하는 것입니다. 다만 죄의 용서는 자신이나 타인의 공로로 하나님을 만족시킬 수 있다거나, 또는 이런 만족으로 죄의 용서를 살 수 있다는 사람들은 여기에 참여할 수 없습니다. 왜냐하면 죄의 용서는 온전히 하나님의 값없이 베푸시는 은혜이기 때문입니다.

그런데 12절 전반 절에는 "우리가 우리에게 죄지은 자를 사하여 준 것같이(Ως)"라는 말이 붙어 있는데(마 6:12), 이 말의 의미는 누군가가 행동으로 우리를 부당하게 대하거나 말로 모욕하는 등, 어떤 모양으로든지 우리를 해한 모든 사람을 우리가 너그럽게 용서해 주는 것같이, 우리도 용서받기를 기도한다는 것입니다. 그러나 오해하지 않아야 할 사항은 위법이나 불법에 대한 죄책을 우리가 용서할 수 있다는 것이 아닙니다. 우리가 용서한다는 것은 우리의 마음에 있는 분노와 복수심을 기꺼이 버리고, 부당한 처사를 기꺼이 말끔하게 잊어버린다는 것입니다. 따라서 우리에게 이러한 용서가 없이 자신의 죄를 용서해 달라고 기도해서는 안 됩니다.

그런데 위와 같은 전반 절의 전제가 곧 우리가 남을 용서하니 우리도 용서를 받을 자격이 있다고, 마치 우리가 받을 용서의 이유가 있음을 말하려는 것도 아닙니다. 그래서 칼빈은 주께서 이 말씀을 하신 의도를 다음의 두 가지로 지적합니다. 1) 우리가 타인에 가지고 있던 미움과 시기 및 복수심을 없애버림으로써 남을 용서해 준 것을 확실히 알게 되는 것처럼, 하나님께서도 우리 죄를 용서하시는 것도 그만큼 확실하다고 우리에게 확신을 주시기 위하여 이 조건을 한 표로 첨가하신 것입니다. 2) 용서하는 마음이 약하여 적의를 품고 행동하며, 자기에게 오지 않기를 기원하는 진노가 다른 사람에게 임하도록 조장하는 사람들은 하나님의 자녀들 가운데서 제외시키려는 것입니다. 그래서 주님은 12절의 의미를 좀 더 구체적으로 이해를 돕기 위하여 14절과 15절을 첨가하신 것입니다.

6장 13절 시험에 들게 하지 마시옵고 아멘

13 우리를 시험에 들게 하지 마시옵고 다만 악에서 구하시옵소서 (나라와 권세와 영광이 아버지께 영원히 있사옵나이다 아멘)

주기도문 13절의 "우리를 시험에 들게 하지 마시옵고 다만 악에서 구하시옵소서"(μὴ εἰσενέγκῃς ἡμᾶς εἰς πειρασμόν, Ἀλλὰ ῥῦσαι ἡμᾶς ἀπὸ τοῦ πονηροῦ)라는 말씀은 두 번째 기원의 셋째 기원입니다(3.20.46). 그런데 우리가 받는 시험(πειρασμόν, temptation)의 모양은 너무나 다양합니다. 이 시험은 우리의 육욕이 일으킬 수 있으며, 또한 마귀의 간계에 의하여 야기될 수 있습니다. 따라서 우리가 하나님께 순종하려면 반드시 끊임없는 싸움과 어렵고 괴로운 투쟁이 따르기 때문에, 이 기원에서 우리는 승리를 얻는데 필요한 무장을 갖추며 보호받기를 간구해야 합니다. 즉, 성령의 은혜와 도움을 요청해야 합니다. 그리고 나아가 악한 적들의 공격에 대항하여 모든 시험을 이기고 굳게 설 수 있도록, 또한 선한 결과를 누리기 위해 순경(順境)에서 교만하지 않으며 역경(逆境)에서 낙심하지 않도록 기도해야 합니다.

그러나 우리는 시험이 전혀 없기를 기도하는 할 수 없습니다. 도리어 분발하도록 자극을 받으며 시험에 의해서 압력을 받을 필요가 있습니다. 그러므로 우리가 기원하는 것은, 우리가 어떤 시험에도 정복되거나 압도되지 않고, 도리어 우리를 공격하는 모든 적대 세력에 대항해서 주의 힘으로 굳게 설 수 있도록 하옵소서 하는 것입니다. 이 기원의 목적은 우리가 주의 돌보심과 보호를 받아 안전한 입장에서 모든 유혹에 굴복함 없이, 도리어 죄와 죽음과 지옥의 문과(마 16:28) 마귀의 나라 전체를 견디고 이기

려는 것입니다. 이것에 악에서 해방된다는 것입니다. 그런데 칼빈은 이 기원의 더 깊은 내용이 있다고 말합니다. 즉, 우리가 하나님의 영으로 사탄과 싸우는 것이라면, 성령이 충만해서 우리의 약한 육을 완전히 버리기까지는 결코 승리를 얻을 수 없다는 것입니다.

칼빈은 주기도문과 관련하여 다음과 같은 결론을 맺고 있습니다. 즉, 그리스도인들의 기도는 공동의 것이어야 하며, 교회 일반의 덕을 세우며 신자 상호간의 교제를 촉진하는 것을 목표로 삼아야 됩니다. 따라서 각 사람들은 자기 개인에게 무엇을 달라고 비는 것이 아니라, 우리 모든 사람이 함께 양식과 죄의 용서를 얻으며, 시험에 들지 않고 악에서 해방되기를 기도해야 합니다(3.20.47). 뿐만 아니라, 우리가 담대하게 기원하며 받으리라고 확신해야 할 이유는 우리의 믿음이 견고하고도 평온한 안식처를 갖도록 "나라와 권세와 영광이 영원히"라는(마 6:13) 말이 첨가되어 있다는 점입니다. 이것은 우리가 언제나 기도할 이유가 되며, 언제나 확신을 가질 수 있는 보증수표인 것입니다. 왜냐하면 나라와 권세와 영광을 우리 아버지에게서 빼앗을 수는 절대로 없기 때문입니다.

기도문의 끝에 가서 "아멘"(Ἀμήν)이란 말이 첨가되어 있는데 (마 6:13), 이 말은 하나님께 구한 것을 얻고 싶다는 열의를 표명한 것인 동시에, 이런 일들이 이미 실현되었고, 속이실 수 없는 하나님께서 약속하셨으므로 앞으로도 반드시 모두 실현되리라는 우리의 소망을 강화합니다. 그리고 나아가 기도를 들어주시리라는 확신도 오로지 하나님의 본성에 근거를 두었다는 것을 고백하는 것입니다.

　　우리는 주기도문에 대한 위와 같은 내용을 살펴보면서, 주기도문은 우리의 최대의 교사이신 주님께서 주신 이를테면 기도의 표준입니다(3.20.48). 이 기도는 모든 점에서 완전해서, 이것과 관련을 지을 수 없는 외부적인 것이거나 이질적인 것을 첨가한다는 것은 불경한 것이며 하나님의 시인을 받을 수 없는 것입니다. 하나님께서 여기에 요약하신 것은 그에게 합당한 것, 그가 기뻐하시는 것, 우리에게 필요한 것- 요컨대 그가 기꺼이 주시고자 하시는 것입니다. 그러므로 감히 이 범위를 넘어 다른 것을 하나님께로부터 원하는 사람은, 1) 자기의 지혜로 하나님의 지혜에 무엇을 첨가하려는 것이니, 이런 짓은 광적인 모독에 불과하며, 2) 그들은 하나님의 뜻의 범위 내에 머물러 있으려고 하지 않고 하나님의 뜻을 멸시하면서 자기들의 날뛰는 욕망대로 널리 빗나가

헤메는 것이며, 3) 그들은 믿음이 없이 기도하므로, 아무것도 얻지 못할 것이라고 칼빈은 지적합니다.

그런데 다만, 우리는 주기도문의 용어보다 내용을 지켜야 합니다(3.20.49). 우리는 이 기도의 형식에 구애되어 그것이 일점일획이라고 변하는 것을 허용해서는 안 된다고 이해해서는 안 되지만, 그럼에도 성경에 있는 모든 기도와 경건한 이들이 드리는 기도는 주기도와 관련시켜야 합니다. 참으로 이 기도 같이 완전한 기도는 달리 찾아볼 수 없으며, 더 완전한 것은 더군다나 없습니다. 하나님을 찬양하기 위해서 생각해야 할 것과, 사람 자신의 행복을 위해서 생각해야 할 것은 이 기도에서 하나도 빠지지 않았습니다. 또 그 구조도 지극히 정밀해서, 아무도 개선해 보겠다는 희망을 품으면 안 됩니다. 요약하면, 이 기도는 하나님의 지혜가 가르치신 것이며, 하나님께서는 원하시는 것을 가르치셨고, 필요한 것을 원하셨다는 것을 우리는 기억해야 합니다.

6장 13절 대개 나라와 권세와 영광이

13 우리를 시험에 들게 하지 마시옵고 다만 악에서 구하시옵소

서 (대개[大蓋] 나라와 권세와 영광이 아버지께 영원히 있사옵나이다 아멘)

우리는 앞에서 주기도문을 칼빈의 "기독교강요"를 통해 해설한 그 내용을 중심으로 살펴보았습니다. 그런데 15절 후반 절에는 "나라와 권세와 영광이 아버지께 영원히 있사옵나이다 아멘"이라는 말씀이 괄호로 묶여져 있는데, 이 말 앞에 이전 저 어릴적 주기도문에는 "대개"(大蓋)라는 말이 포함된 적이 있었습니다.

그렇다면 여기서 말하는 "대개"라는 말의 의미는 무엇일까요? 이 말은 사실상 한자어로, 풀어 그 내용을 본다면 대강 "일의 큰 원칙을 말하건대"라거나 좀 더 우리말로 쉽게 표현하면 "왜 그런가 하면"(for)의 의미를 담고 있습니다. 칼빈은 비록 이 말에 대하여 상세한 설명은 하지 않았지만, 앞서 언급한 바와 같이 우리가 담대하게 기원하며 받으리라고 확신해 할 이유는 우리의 믿음이 견고하고도 평온한 안식처를 갖도록 "나라와 권세와 영광이 영원히"라는(마 6:13) 말이 첨가되어 있다는 점입니다. 이것은 우리가 언제나 기도할 이유가 되며, 언제나 확신을 가질 수 있는 보증수표인 것입니다. 왜냐하면 앞서 언급한 바와 같이 나라와 권세와 영광을 우리 아버지에게서 빼앗을 수 절대로 없기 때문이었습니다.

따라서 "대개"라는 이 말은 참으로 중요하다고 볼 수 있습니다. 왜냐하면 우리가 앞에서 본 바와 같이 6가지 기원을 담아 기도할 수 있는 이유는, 바로 나라와 권세와 영광이 영원히 아버지께 있기 때문(대개)입니다. 다만 이와 같은 말이 없어도 해석상 당연히 나라와 권세와 영광이 아버지께 영원히 있기 때문에, 이 말이 반드시 포함되어야 하는 것은 아닐지라도, "대개"의 의미를 바로 이해하는 것은 충분히 의미가 있습니다.

최근 우리가 접하는 여러 성경 번역본은 이 말을 포함시키지 않는 경향입니다. 그리고 아래에서 보는 바와 같이 교부 신학자 다수도 동일하게 생각하는 경향인데, 이는 고대 사본에 이 말이 없었다는 점에 근거하는 것 같습니다. 그러나 아래 NASB나 KJB 성경은 대개라는 말을 For이라고 표현하여, 위와 같은 의미를 분명히 하고 있습니다. 헬라어 성경은 이 말을 Ὅτι(Hoti)라는 표현으로 사용하여 그 의미를 새기고 있기도 합니다.

New American Standard Bible : And do not lead us into temptation, but deliver us from evil. For Yours is the kingdom and the power and the glory forever. Amen.'

King James Bible : And lead us not into temptation, but deliver us from evil: For thine is the kingdom, and the power, and the glory, for ever. Amen.

The Greek New Testament : 13. 본문에는 이와 같은 말씀이 포함되지 않았으나, 관주에 설명된 내용을 살펴보면 Cyril-Jerusalem은 이와 같은 내용을 포함하고 있습니다: Ὅτι σοῦ ἐστιν ἡ βασιλεία καὶ ἡ δύναμις καὶ ἡ δόξα εἰς τοὺς αἰῶνας. Ἀμήν. 다만 Tertullian, Origen, Hilary, Nazianzus, Augustine 등 다수의 교부 신학자들은 πονηροῦ. Ἀμήν.으로 그리고 Chrysostom은 πονηροῦ Ὅτι σοῦ ἐστιν ἡ βασιλεία καὶ ἡ δύναμις καὶ ἡ δόξα εἰς τοὺς αἰῶνας . Ἀμήν .이해하고 있기도 합니다.

결론적으로 이 말을 반드시 삽입해야 하는가 그렇지 않은가 하는 문제보다는, 왜 여기서 이 말의 의미를 포함시켜 이해해야 하는가의 문제입니다. 주님께서 가르쳐 주신 기도문은 바로 우리의 기원이 하나님의 응답을 받을 수 있는 이유가, "나라와 권세와 영광이 아버지께 영원히 있기 때문"이라는 점은 잊지 않아야 합니다. 물론 이 기도문의 모범에서 보듯이 우리의 모든 기도도 동일하게 이와 같은 고백 하에 기원해야 할 것입니다.

6장 16절-18절 금식

16 금식할 때에 너희는 외식하는 자들과 같이 슬픈 기색을 보이지 말라 그들은 금식하는 것을 사람에게 보이려고 얼굴을 흉하게 하느니라 내가 진실로 너희에게 이르노니 그들은 자기상을 이미 받았느니라
17 너는 금식할 때에 머리에 기름을 바르고 얼굴을 씻으라
18 이는 금식하는 자로 사람에게 보이지 않고 오직 은밀한 중에 계신 네 아버지께 보이게 하려 함이라 은밀한 중에 보시는 네 아버지께서 갚으시리라

며칠 전 건강검진을 위하여 아침과 점심을 어쩔 수 없이 먹지 못하는 금식을 한 적이 있습니다. 금식은 이처럼 음식을 먹지 않는 것을 말하는데, 가끔 정치인들이 자신의 소신을 알리거나 또는 원하는 것을 얻기 위하여 금식(단식)을 하는 것을 보았습니다. 어쩌면 금식이든 단식이든 자신이 바라는 바를 얻기 위하여 한

다는 것에 그 목적이 비슷한 것 같습니다.

　그러나 성경이 말하는 금식(νηστεύω, Fast)은 사실 흔히 정치인이 하는 단식과는 다릅니다. 즉, 성경이 말하는 금식은 성도가 자신의 뜻을 하나님께 아뢰고 그 목적을 달성하려는 데 있는 것이 아닙니다. 성경이 말하는 금식은 오히려 자신의 뜻을 내려놓고, 하나님의 긍휼을 기다리는 성도의 간절한 기도인 것입니다.

　사실 유대인 중 경건하다고 하는 자들은 건기(乾期) 동안만큼은 최소 일주일에 이틀씩 금식을 했다고 합니다. 그리고 이러한 금식을 공로로 여기는 경향도 있었다고 합니다. 특히 이들은 금식할 때 단순히 음식을 먹지 않는 것만 아니라, 피부의 건조함을 막기 위한 기름을 바르는 것까지 하지 않았다고 합니다. 그러다 보니 머리카락이나 그 외 피부의 모습이 흔히 말하는 몰골이 되어, 사람들은 금식 중임을 단번에 알아볼 수 있을 정도였다고 합니다.

　그런데 위의 본문에서 보듯이 성경이 말하는 금식은 유대인들이 하는 것과는 다릅니다. 그들은 자신의 거룩한 종교성을 남에게 보이기 위한 위선적인 모습이 드러내고 있는 것으로, 주님은 이들을 외식하는 자들이라 말하고 있습니다. 가끔 우리 주위에 자신도 주님처럼 40일 금식기도를 했다고 자랑스럽게 말하는 것을 듣기도 합니다. 물론 이렇게 금식하는 일이 쉽지 않은 것이긴 하지만, 금식에 담긴 참된 기도의 의미를 잘 새기고 있었는지에 가끔 의문이 들기도 합니다.

금식하면서 기도하는 것은 물론 성도의 절박한 문제를 하나님께 아뢴다는 점에서 잘못된 것은 아닙니다. 오히려 금식은 영적인 생활의 일부분입니다(고전 7:5). 그러나 금식할 때 먼저 생각해야 할 것은 옷을 찢는 것이 아니라 마음을 찢어야 하며(욜 2:13), 나의 뜻을 관철하기 위한 떼쓰기 위한 것이 아니라, 하나님의 자비와 긍휼하심을 구하는 몸짓이 되어야 합니다. 즉, 하나님밖에 자신의 문제를 해결하실 분이 없기에, 오로지 하나님의 처분만을 기다리는 마음으로 간구하는 성도의 영적인 기도가 금식인 것입니다.

6장 19절-21절   네 보물을 땅에 쌓아 두지 말라

19 너희를 위하여 보물을 땅에 쌓아 두지 말라 거기는 좀과 동

록이 해하며 도둑이 구멍을 뚫고 도둑질하느니라

20 오직 너희를 위하여 보물을 하늘에 쌓아 두라 거기는 좀이
나 동록이 해하지 못하며 도둑이 구멍을 뚫지도 못하고 도둑질
도 못하느니라

21 네 보물 있는 그 곳에는 네 마음도 있느니라

마태복음 6장 19절부터 34절까지는 참 신앙을 결여한 세속주
의자들의 그릇된 물질관, 가치관 등에 대한 비판과 교훈입니다.
먼저 본 장 19절부터 24절까지는 가치 추구의 대상을 바로 정
할 것을, 그리고 34절까지는 가치 추구의 순서를 바로 정한 후
그 추구 과정에 있어서 오직 하나님 신앙으로 염려하지 말 것을
가르치고 있습니다. 여기서는 위의 두 가지 중 첫 번째 가치 추
구의 대상을 바르게 정할 것을 교훈하는 말씀 중 그 일부를 살펴
려 합니다.

성경은 19절에서 너희를 위하여 보물을 땅에 쌓아 두지 말라
합니다. 땅에 보물을 쌓아 두면 좀과 동록이 해하며, 도둑이 구
멍을 뚫고 도둑질한다고 합니다. 그렇다면 여기서 말하는 보물
(θησαυροὺς)은 무엇을 의미할까요? 누가복음 12:33은 "너희 소
유를 팔아 구제하여 낡아지지 아니하는 배낭을 만들라 곧 하늘

에 둔바 다함이 없는 보물이니 거기는 도둑도 가까이하는 일이 없고 좀도 먹은 일이 없느니라"라고 함으로써, 여기서 보물은 구제를 통하여 낡아지지 아니하는 배낭을 만드는 것이라 볼 수 있습니다. 동일하게 마가복음 10:21 역시 "네게 있는 것을 가난한 자들에게 주라 그리하면 하늘에서 보화가 네게 있으니라"라고 주님께서 부자 청년에서 하신 말씀에서, 구제가 바로 보화이며 보물입니다.

따라서 우리는 여기서 보는 바와 같이 19절의 "땅에 쌓아 두는 보물"과 "하늘에 쌓아 두는 보물"이 어떤 것인지 확인해 볼 수 있습니다. 즉, 방금 우리가 누가복음이나 마가복음에서 본 것처럼 남을 구제하고 돕는 것이 보물을 하늘에 쌓아 두는 것이므로, 땅에 쌓아 둔다는 것은 자신을 위하여 창고를 짓고 "영혼아 여러 해 쓸 물건을 많이 쌓아 두었으니 평안히 쉬고 먹고 마시고 즐거워하자"(눅 12:19)"라고 했던 한 어리석은 부자와 같은 삶을 사는 것을 의미한다고 볼 수 있습니다.

교회는 가끔 이 대지를 가지고 "하늘에 쌓아 두는 보물", 즉 헌금하도록 강조하는 경우를 봅니다. 특히 부흥사들이 부흥회를 인도할 때 약방의 감초처럼 사용하는 구절이기도 합니다. 물론 헌금이 또한 구제와 같은 남을 위하여 사용될 수 있다는 점에서 보면, 그렇게 많이 빗나간 것은 아니라 보입니다. 그렇지만 여기서 말하는 본래적 의미는 재물과 같은 각자가 가진 소중한 것에 대하여, 어떠한 가치관을 가지고 사용하고 있는가에 대한 물음을 묻는 것입니다.

따라서 자신의 재능도, 물질도 자신을 위한 것이 아니라, 남을 위하여 사용해야 한다는 원리가 먼저 강조되는 것입니다. 가끔 우리는 축복기도를 한다며, "머리가 되고, 꼬리가 되지 말게 하소서"라고 기도하는 것을 접하곤 합니다. 그런데 이런 기도가 일등을 하고, 부자가 되는 것만을 위한 것이라면 잘 못된 기도입니다. 반드시 "그 다음에는?"이 전제되어야 합니다.

"네 보물이 있는 그곳에는 네 마음도 있느니라"라고 21절에서 말씀한 바와 같이, 우리의 소중한 달란트(여기에 물론 재물도 포함하여)를 자신을 위한 것이 아닌 남을 위하여 사용할 때, 우리의 마음과 시선은 자신이 아닌 남을 향한 마음과 시선이 될 것입니다. 따라서 우리 그리스도인의 가치관 또는 세계관은 일반적인 세상적 가치관 또는 세계관과는 확연히 다릅니다.

6장 22절-24절 하나님과 재물을 겸하여 섬길 수 없다

22 눈은 몸의 등불이니 그러므로 네 눈이 성하면 온 몸이 밝을
것이요

23 눈이 나쁘면 온 몸이 어두울 것이니 그러므로 네게 있는 빛
이 어두우면 그 어둠이 얼마나 더하겠느냐

24 한 사람이 두 주인을 섬기지 못할 것이니 혹 이를 미워하고
저를 사랑하거나 혹 이를 중히 여기고 저를 경히 여김이라 너희가
하나님과 재물을 겸하여 섬기지 못하느니라

우리는 바로 앞부분에서 네 보물을 땅에 쌓아 두지 말고, 하늘
에 쌓아 두라는 말씀을 살폈습니다. 그리고 이 말씀에 대하여 우
리는 보물이란 비단 재물만이 아니라, 우리가 가지고 있는 각종
달란트 전체를 의미하는 것으로 보고, 이것을 하늘에 쌓는다는
것은 곧 자신을 위한 것이 아니라 남을 위한 사용, 주님의 말씀에
따르면 구제하는 것 자체가 곧 보물을 하늘에 쌓아 두는 것이라
이해하였습니다. 따라서 "배워서 남 주자.", "벌어서 남 주자"라
는 말로 이해할 수도 있을 것 같습니다.

그런데 이 말씀에 이어 22절에서는 갑자기 눈(ὀφθαλμός)을

언급하고 있습니다. 그리고 이 눈은 "몸의 등불"(Ὁ λύχνος τοῦ σώματός)이기에, 눈이 성하면 온몸이 밝을 것이라 합니다. "눈이 몸의 등불"이라고 한 것은, 마치 캄캄한 밤에도 등불이 있으면 길을 잘 걸어갈 수 있듯이, 눈이 바로 이와 같은 바른길을 갈 수 있도록 하는 기능을 담당하는 중요한 지체라는 것입니다. 그런데 이와 같은 눈이 성해야 한다고 합니다, 만약 눈이 성하지 못하면 어떻게 될까요? 우리는 이 의미를 살피기 전에, 먼저 "성하다"(ἁπλοῦς)는 의미를 살핀다면, 문자적으로는 "주름 없는"이란 의미입니다. 그리고 이 말을 좀 더 상고해 보면, 일차적으로는 '건강한' 또는 '분명한'(clear), 이차적으로는 '진실한'(고후 11:30) 또는 '관대한'(약 1:5) 의미에까지 유추해 볼 수 있습니다.

그런데 23절은 이와 같은 눈이 나쁘면 온몸이 어두울 것이라 합니다. 즉, 눈은 몸의 등불로 눈이 건강하면, 달리 표현하면 사물을 분명하게 볼 수 있는 눈이라면 온몸이 밝을 것이지만, 눈이 나쁘면 사물을 분명하게 판단할 수 없기에 온몸이 어두울 것입니다. 자, 여기서 또 우리는 눈이 밝고 어둡다는 의미를 더 살필 필요가 있겠지만, 여기서 먼저 풀어야 할 핵심 단어가 바로 "몸"(σῶμά)입니다. 성경은 여러 곳에서 몸이라는 단어를 사용하는데, 그 대표적인 성경 구절이 "너의 '몸을'(τὰ σώματα) 거룩한 산 제사로 드리라"(롬 12:1)는 말씀입니다. 성경에서 몸이라고 사용하는 경우, 가끔은 우리의 죄악 된 육신인 육체(σὰρξ)를 지칭하기도 하지만, 많은 경우 본 절과 같이 몸(σῶμά)을 "전인"(全人, AllMensch)과 같은 의미로 사용하고 있습니다.

　그렇다면 눈이 밝고 어둡다는 의미는 무엇일까요? 이미 앞서 언급한 바와 같이 단지 육체적인 의미에서 보면 사물을 판단하기 어렵게 된다는 것입니다. 그런데 23절은 이와 같은 차원을 넘어서 우리에게 말하고자 하는 메시지가 있습니다. 그것은 눈이라는 것이 일차적인 육신의 눈만이 아니라, 이차적으로 영적 눈에까지 이르고 있다는 점입니다. 그래서 "네게 있는 빛이 어두우면 그 어둠이 얼마나 더하겠느냐"라고 할 때에, 육신의 눈을 넘어 영적인 눈, 즉 성령의 인도하심을 따르지 못하는 모습을 또한 이렇게 '어둠이 더한다'는 표현으로 사용한 것입니다. 다시 말하면 성령의 세미한 인도하심을 보지 못하는 자는, 마치 눈이 몸의 등불이 되어 앞을 밝혀주지 못한다면 길을 갈 수 없듯이, 그렇게 자신의 전 삶을 인도받을 수 없게 된다는 의미입니다.

　그런데 이처럼 눈을 말하다, 성경은 24절에 다시 주인을 섬기는 말로 전환되고 있는데, 그 의미는 어떻게 이어져야 할까요? 그 의미는 다음과 같습니다. 즉, 우리는 앞서 살핀 바와 같이 눈이 어두우면, 특히 영적인 눈이 어두우면 그의 전 삶의 바른 인도를 받을 수 없다고 보았는데, 이처럼 눈이 어둡게 된다면 옳고 그른 것을 판단할 수 없게 될 것입니다. 그 결과로 24절은 하나님을 섬길 것인가? 재물과 같은 땅의 것을 섬길 것인가? 하늘에 재물을 쌓을 것인가? 땅에 재물을 쌓을 것인가? 세상적인 가치관에 사로잡혀 자신의 전 삶을 바칠 것인가? 성경적인 세계관에 근거한 삶을 살 것인가? 나를 위해 살 것인가? 남을 위해 살 것인가? 하나님을 섬기는 사람, 영적인 눈이 예민하게 살아있는 사람은 세상적인 가치관, 재물관에 사로잡혀 살아서는 안 됩니다. 성경은 "두 주인을 섬길 수 없다"라고 말씀하기에…. 그런데 우리는 너무 세상적인 맘모니즘(mammonism)에 빠져 있지나 않은지? 교회 안에서도….

6장 25절-34절 너희는 염려하지 말라

25 그러므로 내가 너희에게 이르노니 목숨을 위하여 무엇을 먹을까 무엇을 마실까 몸을 위하여 무엇을 입을까 염려하지 말라 목

숨이 음식보다 중하지 아니하며 몸이 의복보다 중하지 아니하냐

26 공중의 새를 보라 심지도 않고 거두지도 않고 창고에 모아들이지도 아니하되 너희 하늘 아버지께서 기르시나니 너희는 이것들보다 귀하지 아니하냐

27 너희 중에 누가 염려함으로 그 키를 한 자라도 더할 수 있겠느냐

28 또 너희가 어찌 의복을 위하여 염려하느냐 들의 백합화가 어떻게 자라는가 생각하여 보라 수고도 아니 하고 길쌈도 아니하느니라

29 그러나 내가 너희에게 말하노니 솔로몬의 모든 영광으로도 입은 것이 이 꽃 하나만 같지 못하였느니라

30 오늘 있다가 내일 아궁이에 던져지는 들풀도 하나님이 이렇게 입히시거든 하물며 너희 일까보냐 믿음이 작은 자들아

31 그러므로 염려하여 이르기를 무엇을 먹을까 무엇을 마실까 무엇을 입을까 하지 말라

32 이는 다 이방인들이 구하는 것이라 너희 하늘 아버지께서 이 모든 것이 너희에게 있어야 할 줄을 아시느니라

33 그런즉 너희는 먼저 그의 나라와 그의 의를 구하라 그리하면 이 모든 것을 너희에게 더하시리라

34 그러므로 내일 일을 위하여 염려하지 말라 내일 일은 내일이

우리의 인생사를 간단히 표현하면 흔히 고생과 염려, 그리고 수고뿐이라 말합니다. 사실 인생이란 자체가 항상 행복할 수 없는 것이고, 그러다보니 웃는 날보다는 우는 날이 더 많은지 모르겠습니다. 따라서 인생을 고해(苦海)와 같다고 합니다. 그런데 성경은 이와 같은 인생의 모습에 정 반대되는, 염려를 하지 말라고 하십니다. 아니 이와 같은 염려를 하는 것 자체가 바로 하나님 앞에 불경(不敬)을 저지르는 것이며, 이는 곧 죄(罪)라고 봅니다. 그리고 앞서 본 바와 같이 세상 사람들처럼 보물, 재화를 땅에 쌓아 두지 말라고 합니다. 세상적 가치관으로 보면 쉽게 납득가지 않는데, 우리는 여기서 어떤 교훈을 받을 수 있을까요?

25절은 "내가 너희에게 이르노니 목숨을 위하여 무엇을 먹을까 무엇을 마실까 몸을 위하여 무엇을 입을까 염려하지 말라 목숨이 음식보다 중하지 아니하며 몸이 의복보다 중하지 아니하냐"라고 합니다. 즉, 이 말씀은 하나님께서 목숨을 주시고 몸을 주셨으니, 음식이나 의복은 어찌 주시지 않겠는가? 그러니 염려하지 말라는 것입니다. 성경을 이 부분에 대한 설명을 위하여 26절-29절에서 공중의 새와 들의 백합화를 보라 합니다. 하나님께서 먹이시고 입히신다는 것입니다. 그리고 심지어 솔로몬의 영광보다 하나님께서 기르시는 백합화가 더하다고 하십니다. 또한 우리가 염려한다고 그 키가 한자나 더할 수 없다는 것입니다. 다만 여기서 말하는 "키"(ἡλικίαν)라는 단어는 우리 신체의 길이를 말하는 것이 아니라, 수명(壽命, lifespan)을 의미하는 것입니다. 성경은 이와 같은 설명을 이어간 후에, 31절에서 위와 같은 이유를 들어서 "그러므로 염려하여 이르기를 무엇을 먹을까 무엇을 마실까 무엇을 입을까 하지 말라"라고 재차 환기시키고 있습니다.

그렇다면 왜 염려하지 말아야 하는 것인가요? 이미 앞 절에서 보는 바와 같이 하나님께서 우리의 목숨과 몸을 주셨고, 또한 하나님께서는 이방인들과 달리 무엇을 먹을까, 입을까를 걱정하지 않더라도 다 알고 계신다는 것입니다. 그러니 34절에서 보는 바와 같이 내일 일을 위하여 미리 염려할 필요도 없다는 것입니다. 왜냐하면 사실 우리 인생은 오늘은 있지만 내일은 내 마음대로 보장되는 것이 아닙니다. 따라서 한 날의 괴로움은 그날로 족한 것입니다. 내일은 우리에게 속한 것이 아니라, 하나님께 속한 것입니다. 그렇다면 너희는 이방인처럼 염려하지 말라고 했으니, 다가올 미래를 위해 아무런 준비를 하지 않고 그냥 살아도 된다는 것일까요? 성경은 분명히 이렇게 말씀하신 것은 아닙니다. 오히려 우리에게 내일은 하나님께 맡기고, 오늘을 마치 마지막 날처럼 최선을 다하여 주어진 책임을 감당해 가는 것을 의미합니다.

자, 그렇다면 우리가 해야 할 오늘의 일이 무엇일까요? 이것이 매우 중요한 문제인데, 성경은 33절에서 "그런즉 너희는 먼저 그의 나라와 그의 의를 구하라"라고 하십니다. 따라서 오늘 우리가 해야 할 일은 "그의 나라와 그의 의를 구하는 것"입니다. 여기서 "그의 나라"라는 말은 바로 천국(βασιλείαν τοῦ θεοῦ)을 의미하겠지만, 좀 더 나아가면 우리가 천국의 시민(Civitas Dei)으로 지금 세속 국가(civitas terrena)에 살고 있는 존재라는 점을 분명히 인식해야 한다는 것, 그리고 "그의 의"라는 말은 하나님의 의로 우심(δικαιοσύνην)을 의미하는 것입니다. 그러므로 여기 33절은 산상수훈의 핵심을 우리에게 보여 주는 말씀으로, 성도는 최고의 가치를 하나님의 나라에 두고, 하나님의 의만을 사모하면서 만족하고, 그것을 실천해 나가는데 최우선을 두어야 한다, "그리하면 이 모든 것을 너희에게 더하시리라"(ταῦτα πάντα προστεθήσεται ὑμῖν). "너의 염려를 다 주께 맡겨라 이는 그가 너희를 돌보심이라"(벧전 5:7). 6장은 이렇게 끝을 맺고 있습니다.

마태복음

7장

마태복음 7장

7장 1절-5절 비판하지 말라

1 비판을 받지 아니하려거든 비판하지 말라

2 너희가 비판하는 그 비판으로 너희가 비판을 받을 것이요 너희가 헤아리는 그 헤아림으로 너희가 헤아림을 받을 것이니라

3 어찌하여 형제의 눈 속에 있는 티는 보고 네 눈 속에 있는 들보는 깨닫지 못하느냐

4 보라 네 눈 속에 들보가 있는데 어찌하여 형제에게 말하기를 나로 네 눈 속에 있는 티를 빼게 하라 하겠느냐

5 외식하는 자여 먼저 네 눈 속에서 들보를 빼어라 그 후에야 밝히 보고 형제의 눈 속에서 티를 빼리라

이제 우리는 산상수훈의 마지막 장인 7장에 당도하였습니다. 그런데 7장의 시작은 "비판하지 말라"(Μὴ κρίνετε)라고 시작합니다. 그래서 이 말에 따라 "우리는 남을 비판해서는 안 된다"라

고 섣불리 해석하는 경향이 있습니다. 그런데 1절은 "비판을 받지 아니하려거든"이라는 조건을 달고 있음에 유의해야 합니다. 이 말씀은 무엇을 의미할까요? 이 말씀은 바른 비판까지 하지 말라는 것이 결코 아님을 우리에게 보여 주고 있습니다. 즉, 바른 비판이 아니라 흔히들 말하는 "비판을 위한 비판", 근거도 없는 "허황된" 비판을 하지 말라는 것입니다. 특히 주님은 이 말씀을 하실 때 바리새인들을 염두에 두셨습니다. 그렇다면 그들은 어땠을까요? 그들은 오직 하나님의 일임에도 불구하고, 남을 정죄하고 심판하는 일을 통하여, 자신의 거룩한 의를 들어내려고 한 자들입니다. 그래서 이들은 회칠한 무덤 같고, 참람(僭濫)하기 그지없는 자들이었습니다. 주님은 5절에서 이들을 위선자(ὑποκριτά!)라고 하셨습니다.

그래서 7장 2절에서 너희가 비판하는 그 비판으로 너희가 비판을 받을 것이고, 이전에 너희가 헤아렸던 그 헤아림(μέτρῳ)으로 "다시 헤아림을 받을 것"(μετρηθήσεται)이라 말씀하신 것입니다. 즉, 바리새인들과 같이 근거도 없이, 또는 자신의 의를 들어내기 위하여 남을 정죄하고 비판을 하게 될 때, 결국 자신의 이전 일로 인하여 그 자신 역시 비판을 받게 된다는 말씀입니다. 그런데 이 말씀을 감이 세속적인 정치에 연결시키는 것은 부적

절할 수 있겠지만, 그럼에도 우리 주위에서 이와 같은 상황을 너무나 쉽게 접할 수 있다는 것이 얼마나 안타까운 일인지 모르겠습니다.

자, 그렇다면 다시 돌아가 이 말씀이 결코 비판 하지 말라는 것이 아니라면, 비판의 자세는 어떠해야 한다고 성경은 말씀하고 있는지 살펴보겠겠습니다. 3절에서 5절까지를 살펴보면, 네 눈 속에는 들보(δοκὸν)가 있는데 형제의 눈 속에 있는 조그마한 검불(κάρφος)을 보며, 그것을 빼라고 하는 것은 온당치 않다고 한다고 합니다. 그 대신에 먼저 내 눈 속의 들보를 빼고 난 후에, 형제의 눈 속에 검불을 빼라고 해야 한다는 것입니다. 이 말씀 속에는 자기의 큰 허물은 못 보고 남의 작은 검불만 보려는 자, 이는 마치 약대를 통으로 삼키고 하루살이는 걸러 먹은 자와 같은 자이며, 또한 자신의 내면에 속한 허물은 그대로 둔 채 남의 겉으로 보이는 허물만 보고, 그것을 지적하고 비판하려는 자들의 온당치 못한 모습을 드러낸 것입니다.

따라서 성도는 먼저 자신에 대해서 엄정한 자세로 살펴 근신하여야 하되, 타인에 대해서는 관용을 취하며, 설혹 비판하더라도 위선적, 자기 과시적 비판을 하지 말고 상호의 건덕(建德)을 위하여 서로 권면하는 자세로 비판하여야 합니다(행15:32; 살전 5:11). 그리고 예수님께서 우리에게 원하시는 것은 내 눈 속의 들보를 먼저 빼고, 그 후에 형제의 눈 속에 티까지 빼주라고 하십니다. 남에게 먼저 비판의 잣대를 대기 전에 자신에게 먼저 비판의 잣대를 대고, 그 후에 남에게 권면을 하는 것이 성도의 도리라는 말씀입니다. 이 발전적인 순서를 뒤집어 사용할 때, 바리새인과 같은 위선적이고 자기 과시적인 무모한 비판자로, 남에게 상처를 주게 될 것임을 명심하라는 것이 주님의 말씀입니다.

7장 6절 거룩한 것을 개에게 주지 말라

6 거룩한 것을 개에게 주지 말며 너희 진주를 돼지 앞에 던지지 말라 그들이 그것을 발로 밟고 돌이켜 너희를 찢어 상하게 할까 염려하라

내가 살고 있는 지역은 이전에 자수정이 많이 나는 고장이었습니다. 그래서 지금도 자수정동굴이 이 지역의 중요한 관광지 중의 하나가 되어 있습니다. 오래전 이야기이긴 하지만, 집집마다 화단을 자수정이 포함된 돌로 장식하였는데, 이것을 본 사람

중 그 가치를 아는 자들이 이 돌들에 값을 조금 치르고 구입하여 큰 부자가 되었다는 소문이 이곳에 나돕니다. 사실 지역민은 땅을 파면 유리와 비슷한 돌이 나오니 그냥 장식 정도로 이 돌들을 사용했으니, 이들이 자수정의 가치를 전혀 몰랐기 때문에 나타난 현상이었습니다.

우리가 지금 보고 있는 7장 6절 역시 이와 비슷한 상황을 생각해 볼 수 있습니다. 사실 개(κυσίν)는 "거룩한 것"(ἅγιον) 거룩한 것을 알리 없기에, 거룩을 기대할 수 없지만 또한 거룩한 것을 줄이유도 없습니다. 그래서일까요? 흔히 욕할 때도 개를 들어 하는 것을 보는 것처럼, 어쩌면 여기서 말하는 개는 윤리도, 자신의 정체성도 완전히 망각하고 자기 마음대로 행동하는 모습을 지칭한 것 같습니다. 그리고 또한 돼지(χοίρων)도 마찬가지입니다. 돼지도 금방 물로 깨끗하게 주인이 씻어 주었다고 하더라도 곧 다시 흙먼지를 덮어쓰고, 진흙탕에 뒹구는 것이 그 특징입니다. 그러니 이와 같은 돼지에게 아무리 예쁜 진주, 좀 더 정확히는 '진주 목걸이'(μαργαρίτας)를 그 목에 달아 주었다고 하더라도 무슨 소용이 있겠습니까? 금방 진흙탕으로 직진할 것이기에…. 심지어 발로 밟아 버릴 것이며, 곧 망가뜨리게 될 것입니다. 그리고 성경은 개나 돼지가 거룩한 것, 진주를 망가뜨리는 정도를 넘어 주님의 말씀을 듣고 있는 제자들에게, "너희를 찢어 상하게 할까 염려하라"라고 까지 경계하십니다.

자, 그렇다면 여기서 말하는 개(κυσίν)나 돼지(χοίρων)는 무엇을 의인화한 것일까요? 그리고 거룩한 것, 진주는 무엇을 의미하며, 또한 개나 돼지로 인하여 찢어 상하게 된다는 의미가 무엇인가에 대하여 구체적으로 살피기로 하겠습니다. 성경은 개나 돼지라는 표현을 사용할 때는(잠 11:22; 26:11; 벧후 2:22) 귀중한 것을 알아보지 못하거나, 부정한 것(짐승)으로 간주했습니다. 따라서 여기서 개나 돼지는 의인화된 것으로, 이들은 "거룩한 것", "진주"를 귀중하게 생각지도 않는 부정한 것이라 볼 수 있습니다. 즉, 여기서 말하는 "거룩한 것" 또는 "진주"란 그리스도의 진리의 복음을 말하거나 또는 때로는 귀한 성직(聖職)이라 생각할 수 있습니다.

따라서 이러한 것을 개나 돼지에게 주지 말라 했으니, 이는 배교자(背敎者)라 볼 수도 있겠고(벧후 2:22), 더 나아가 바울 사도의 말씀에 따르면 자신의 배로써 하나님을 삼는 거짓 일군들을 가리킬 수 있습니다(빌 3:2). 이러한 거짓 일군들의 특징은 먹는 것과 대접받는 것을 탐하여 다니며(빌 3:19; 갈 4:17), 개나 돼지가 그 보화를 보화로 알지 못하고 찢는 것과 같이, 거짓 일군들은 복음이 보화인 것을 알지 못하고 그것을 이용하여 그들의 육체에 배 불리기 위한 것에 혈안이 되어, 결국은 복음 전한다고 하면서도 실상은 그 길을 해치게 되는 결과를 낳게 하는 자들입니다. 주님은 이런 자들을 바리새인과 같은 유(類)의 사람으로 평가하셨을 수도 있습니다. 그리고 이것은 또한 그들의 거짓 가르침이 얼마나 해가 될 수 있는가에 대한 경고의 메시지로 볼 수 있습니다. 그러나 우리는 앞의 1절-5절까지에서 본 바와 같이 이러한 일에 대하여 남을 먼저 쉽게 판단할 것이 아니라, 자신을 먼저 돌아보고 난 후에 판단해야 합니다.

7장 7절-12절 구하고 찾으라

7 구하라 그리하면 너희에게 주실 것이요 찾으라 그리하면 찾아낼 것이요 문을 두드리라 그리하면 너희에게 열릴 것이니
8 구하는 이마다 받을 것이요 찾는 이는 찾아낼 것이요 두드리는 이에게는 열릴 것이니라
9 너희 중에 누가 아들이 떡을 달라 하는데 돌을 주며
10 생선을 달라 하는데 뱀을 줄 사람이 있겠느냐

11 너희가 악한 자라도 좋은 것으로 자식에게 줄 줄 알거든 하물며 하늘에 계신 너희 아버지께서 구하는 자에게 좋은 것으로 주시지 않겠느냐

12 그러므로 무엇이든지 남에게 대접을 받고자 하는 대로 너희도 남을 대접하라 이것이 율법이요 선지자니라

누가복음 11:5-13은 위의 말씀과 유사한 내용을 주님께서 가르쳐 주신 기도(주기도문) 다음에 이어서 기록하고 있습니다. 다만 누가복음에는 위의 12절 구절이 없고, 11절에서 보는 기도의 결과로 "좋은 것"(ἀγαθὰ)을 "성령"(11:13/ Πνεῦμα Ἅγιον)으로 언급하고 있습니다. 성경의 편제와 언급한 내용에는 추상성과 구체성의 간극(間隙)이 있으나, 말씀은 상호 보완적으로 풀어가는 것이 옳기 때문에 우리는 이와 같은 성경 구절을 중심으로 본 단락을 살펴보기로 하겠습니다.

신앙생활을 하면서 우리는 무수히 7절의 말씀을 암송하고 또한 강단의 설교자로부터 그 강설(講說)을 들었을 것입니다. 구하고(Αἰτεῖτε), 찾고(ζητεῖτε) 두드리라(κρούετε). 그리고 응답이 있을 때까지 기도는 쉬지 말고 계속하라고…. 옳은 말씀입니다. 성경은 특히 구하라, 찾으라, 문을 두드리라고 할 때, 이 동사형은

모두 현재시제로 사용하고 있습니다. 따라서 앞서 언급한 바와 같이 계속 구하고, 찾고 문을 두드리라고 한 것입니다. 그리고 이렇게 구하고, 찾고 문을 두드리는 자에게는 받고, 찾아내고 열릴 것이라 합니다. 그런데 이와 같은 주고받는 말씀은 세상적인 것과 달리 하나님께서 우리에게 약속하신 것이기 때문에 반드시 미쁘신 하나님께서는 그 약속을 확실하게 지킬 것임을 또한 신뢰해야 합니다(사 49:15; 시 27:10 참조).

그래서 주님은 그 실례로 아버지와 자식의 관계로 하나님과 우리의 관계를 설정하고, 떡을 달라고 하는 자식, 생선을 달라고 하는 자식에게 돌을 주거나 뱀을 줄 것이 아니라, 분명히 그 구하는 것을 주실 것임을 확신시킵니다. 누가복음은 밤중에 친구 집으로 가서 떡 세 덩이를 빌리려 할 때, 이미 잠자리에 들었다고 친구는 거절하지만, 계속 강청(强請)하는 친구에게 결국은 떡을 내 주지 않겠느냐고 말씀하시며, 간구에 대한 응답을 확신시킵니다. 그래서 11절에서는 악한 자라도 이렇게 집요하게 구하고, 찾고 두드리면 줄 것인데, 하물며 사랑의 하나님 그리고 우리의 아버지께서 반드시 응답해 주실 것임을 분명히 확신시킵니다.

그렇다면 우리가 구하고 찾고 문을 두드리는 것은 무엇을 얻기 위함일까요? 11절은 "좋은 것"이라고 되어 있습니다. 여기서 좋은 것이란 매우 포괄적인 것이라 볼 수도 있습니다. 왜냐하면 우리가 간구하는 것은 매우 다양한 것이기 때문입니다. 때로는 물질을, 때로는 건강을, 때로는 관계의 회복을, 때로는 더 큰 믿음을…. 그렇기에 그 종류는 이루 나열하기가 어려울 정도일 것입니다. 그리고 이러한 구함에 우리 하나님은 좋은 것으로 응답해 줄 것이라는 말씀입니다. 그런데 좀 더 누가복음과 연계시켜 본다면 우리가 구하는 것은 물질적인 것도 좋지만, 누가복음은 영적인 것으로 이어집니다. 그래서 누가는 이것을 바로 성령(聖靈)이라고 밝히고 있습니다.

그런데 우리는 여기서 끝날 것이 아니라, 이 말씀의 끝에 기록되어 있는 12절에 좀 더 주의를 기우릴 필요가 있습니다. 칼빈은 12절은 앞의 구절과 관련이 없다고 했지만, 마태가 이와 같은 12절의 말씀을 여기서 기록한 것은 그냥 지나쳐서는 안 됨을 보여주고 있다고 봅니다. 12절의 이 말씀은 자세히 들여다보면 "하지 말라"라는 소극적인 명령이 아니라 "하라"는 적극적인 명령임을 확인할 수 있습니다. 원문을 직역하면 "사람들이 너희에게 행해주기를 원하는 바의 모든 것들을 그와 같이 너희가 저희에게 행하라"라고 읽을 수 있는데, 여기서 보는 바와 같이 단순히 남이

싫어하는 것은 네가 남에게 해서는 안 된다는 정도가 아닙니다. 통상 인본주의적인 관점에서 보면 "己所不慾 勿施於人"(내가 원치 않는 것은 남에게 행치 말라) 정도로 해석되지만, 성경은 이것을 넘어, 남들이 내게 그렇게 행하건 아니 행하건 상관없이 남에게 행해야 한다는 것입니다(눅 6:30-36). 따라서 이 말씀은 사랑의 정신은 선을 행하는 것이기에 온 율법과 선지자의 강령인 셈이며(롬 13:8-10), 이것을 황금률(黃金律)입니다.

자, 그런데 이와 같은 황금률을 우리가 여기서 확인함에 있어, 앞의 구하고, 찾고 문을 두드리는 것과 연계시키려 보려는 이유는 무엇일까요? 왜, 마태는 여기에 이 말씀을 기록했을까요? 이 말씀에 대해 우리는 다음과 같은 생각을 해야 합니다. 우리가 구하고 찾는 것, 그리고 문을 두드리는 것은 모두 자신을 위한 것에 한정하지 말라는 것입니다. 사실 우리의 간구는 거의가 자신을 위한 것에 집중하는 경향이 있습니다. 그런데 이미 우리는 앞서 산상수훈의 원리를 조금씩 확인해 보면서, 보화를 하늘에 쌓아 두는 것도, 주님께서 말씀하신 바와 같이 남을 구제하는 것이라 말한 적이 있습니다. 바로 이와 같은 동일한 원리에서 12절의 말씀과 그 앞의 말씀을 연결시켜야 합니다. 따라서 우리가 구하고, 찾고 문을 두드리는 것은 나의 소욕(所欲)을 위한 것이 아니라 남을 위한 것에 먼저 관심을 기우려야 합니다. 이것이 바로 좋은 것을 구하는 것이며, 남을 대접하는 것입니다. 누가가 말한 바와 같이 성령을 주시는 것은, 하나님의 뜻을 더 분명히 잘 헤아릴 수 있게 하려는 것이기에, 우리의 간구가 결코 우리의 소욕 충족을 위한 것에 머물러서는 안 됨을 간과해서는 안 됩니다. 나를 넘어선 자리까지….

7장 13절-14절 좁은 문으로 들어가라

13 좁은 문으로 들어가라 멸망으로 인도하는 문은 크고 그 길이 넓어 그리로 들어가는 자가 많고
14 생명으로 인도하는 문은 좁고 길이 협착하여 찾는 자가 적음이라

미국의 계관시인(급) 로버트 프로스트의 시 《가지 않은 길》(The Road not Taken)은 노란 숲속에 길이 두 갈래로 났었습니다./ 나는 두 길을 다 가지 못하는 것을 안타깝게 생각하면서,/ 오랫동안 서서 한 길이 굽어 꺾여 내려간 데까지/ 바라다 볼 수 있는 데까지 멀리 바라보았습니다./ 그리고, 똑같이 아름다운 다

른 길을 택했습니다./ 그 길에는 풀이 더 있고 사람이 걸은 자취가 적어,/ 아마 더 걸어야 될 길이라고 나는 생각했었던 게지요./ 그 길을 걸으므로, 그 길도 거의 같아질 것이지만./ 그날 아침 두 길에는/ 낙엽을 밟은 자취는 없었습니다./ 아, 나는 다음 날을 위하여 한 길을 남겨두었습니다./ 길은 길에 연하여 끝없으므로/ 내가 다시 돌아올 것을 의심하면서…/ 훗날에 훗날에 나는 어디선가/ 한숨을 쉬며 이야기할 것입니다./ 숲속에 두 갈래 길이 있었다고,/ 나는 사람이 적게 간 길을 택하였다고,/ 그리고 그것 때문에 모든 것이 달라졌다고.(피천득 번역본)

이 시에 대하여 다양한 제목과 함께 다양한 해석이 내려져 있긴 하지만, 우리는 그의 시 마지막에 좀 더 관심을 가져보려 합니다. 즉, 숲속에 두 갈래 길이 있었다고,/ 우리는 사람이 적게 간 길을 택하였다고,/ 그리고 그것 때문에 모든 것이 달라졌다고(Two roads diverged in a wood, and I took the one less traveled by, And that has made all the difference.)

우리가 인생의 길을 감에 있어, 때로는 선택의 기로에 놓일 때 어떤 길을 택하느냐에 따라 먼 훗날 그 상황이 많이 다름을 경험을 통해서 잘 알 수 있습니다. 그런데 프로스트는 숲속에 두 갈래

길 중에 사람이 적게 간 길을 택하였고, 그 결과로 '많은 것'이 아니라 '모든 것'(all)이 달라졌다고 합니다.

우리가 지금 보고 있는 7장 13절 본문도 프로스트의 두 길과 같이 두 문이 있다고 합니다. 그리고 이 두 문은 좁은 문(στενῆς πύλης)과 넓은 문(πλατεῖα πύλης)인데, 넓은 문은 멸망(ἀπώλειαν)으로 인도하는 문으로, 그 길이 크고 그 길이 넓어 그리로 들어가는 자가 많다고 합니다. 이와 대조적으로 좁은 문은 비록 생명(ζωήν)으로 인도하는 문이기는 하지만, 그 문은 좁고 길이 협착하여(τεθλιμμένη) 찾는 자가 적다고 합니다. 여기서 협착하다는 말은 thlibó(압박하다)의 완료 수동태 분사로 계속된 제재로 말미암아 어려운 상태에 처해 있는 것을 뜻합니다.

방금 우리가 한 편의 시를 읽으면서, 사람이 적게 간 길을 택하므로 그것 때문에 모든 것이 달라졌다는 프로스트의 시처럼, 멸망으로 가느냐 아니면 생명으로 인도하느냐에 따라 모든 것이 달라질 수밖에 없는 것입니다. 그런데 존 번연의 천로역정(天路歷程)으로 읽으면서 더 생동감 있게 알 수 있었던 것과 같이, 기독도(基督徒)가 걸어갔던 좁은 문이란 그 문도 좁을 뿐만 아니라 그 문으로 인도하는 길도 협착하여 실제 걷기가 힘든 길이었습니다. 그래서 우리 인생은 쉽게 쉽게 가려는 성향이 있습니다. 따라서 등산을 해 보면 이러한 예를 잘 볼 수 있는데, 도전적이지 않은 사람은 평범한 길을 많이 택하게 됩니다. 이에 반하여 도전적인 사람은 칼바위, 급경사 오르막길을 택하곤 합니다. 통상 평범한 길은 목적지까지 오랜 시간이 걸리는 반면, 비록 칼바위 또는 급경사 오르막길을 이용하는 때에 힘은 들어도 성취감은 물론 거리와 시간을 단축하게 되는 경우를 종종 봅니다.

다만, 위의 성경 구절은 스스로 고행하라거나 또는 스스로 길을 선택하여 자력으로 구원을 얻을 수 있다는 말씀은 아닙니다. 그리고 또한 인생은 이미 길이 정해져 있기에 그 결과는 나와 있다는 숙명론도 아닙니다. 그렇다면 여기서 말하는 문과 길은 무엇을 의미하는 것일까요? 좁은 문은 우리의 종착점에 이르렀었을 때 만나게 되는 천국의 문이며, 생명의 면류관을 받게 되는 문입니다. 그리고 이 문으로 인도하는 길은 그리스도의 복음을 의미합니다. 따라서 복음이 제시하는 길을 따라갈 때, 비록 세상적인 가치관과 달라서 그 길을 가기에는 너무나 많은 희생과 어려움이 기다리고 있지만, 그럼에도 그 길은 구원으로 인도하는 문이 기다리고 있기에 따라가야 하는 길입니다. 즉, 이 길은 광야와 같은 길이며, 그렇기에 이 길을 갈 때 자신이 이곳에 영원히 안주할 곳이 아니라는 나그네 의식을 가지고, 넓은 문으로 가는 쉬운 길이 아니기에 삶에 고난과 고통이 따른다고 하더라도, 오로지 하나님의 은혜만 바라보고 걷는 길이 바로 좁은 문으로 가는 길인 것입니다.

프로스트의 시에서 보는 바와 같이 모든 것이 어느 길을 선택하느냐에 따라 달라졌듯이, 우리 역시 어느 문을 향하여 어떤 길을 가느냐에 따라 그 결과는 모든 것이 달라질 것입니다. 비록 생명으로 인도하는 문은 좁고 길이 협착하여 찾는 자가 적더라도, 우리가 가야 할 길이 바로 좁은 문으로 향하는 길임을 주님은 우리에게 가르쳐 주고 있습니다. 다만 주님께서 자신의 길을 따르는 것이 어렵다는 것을 계속해서 강조하셨던 것을 간과해서는 안 됩니다(마 10:38; 16:24, 25; 요 15:18, 19; 16:1-3. 참고 행 14:22).

7장 15절-20절 거짓 선지자들을 삼가라

15 거짓 선지자들을 삼가라 양의 옷을 입고 너희에게 나아오나 속에는 노략질하는 이리라

16 그들의 열매로 그들을 알지니 가시나무에서 포도를, 또는 엉겅퀴에서 무화과를 따겠느냐

17 이와 같이 좋은 나무마다 아름다운 열매를 맺고 못된 나무가 나쁜 열매를 맺나니

18 좋은 나무가 나쁜 열매를 맺을 수 없고 못된 나무가 아름다운 열매를 맺을 수 없느니라

19 아름다운 열매를 맺지 아니하는 나무마다 찍혀 불에 던져지느니라

20 이러므로 그들의 열매로 그들을 알리라

우리는 바로 앞에서 "좁은 문으로 들어가라"는 주님의 말씀을 상고했습니다. 그런데 이 말씀에 이어 나오는 '거짓 선지자들'(ψευδοπροφητῶν)에 관한 것 역시, 앞의 내용과 무관하지 않습니다. 좀 더 상세한 내용을 다시 살피겠지만, 우선 거짓 선자들이란 사실 좁은 문으로 들어가도록 인도하는 자가 아니라, 넓은 문으로 인도하는 자라고 일단 볼 수 있기 때문입니다. 다만, 주님 당시에, 엄격히 말하면 선지자가 있었겠습니까? 중간기(中間期)를 지나는 동안 이전 구약의 선지자는 끝이 났다고 보는 것이 옳을 것입니다. 그럼에도 이와 같은 말씀을 하신 것은 역사가 요세푸스도 말한 바와 같이, 사실 이 시기에 자칭 선지자라면서 성도

를 현혹케 한 사람들을 무수히 많았기 때문입니다. 그래서 성경은 사악한 이리와 무해한 양을 대조시킨 것입니다.

그렇다면 거짓 선지자는 어떤 특징을 지니고 있을까요? 성경은 그 외양(外樣)으로는 판단이 불가능하다 봅니. 왜냐하면 거짓 선지자도 '양의 옷을 입고'(ἐν ἐνδύμασιν προβάτων) 있기 때문입니다. 그러나 그 속에는 노략질하는 이리(λύκοι)가 들어있다고 합니다. 사실 이와 같은 거짓 선지자는 외식적인 겸손과 사랑도 있습니다. 그러나 그들의 마음속에는 생명의 성령님이 없고 다만 자기를 위하는 야욕(野慾)만이 가득한 자로, 이는 하나님의 교회를 "노략질 하는 이리"(λύκοι ἄρπαγες)인 것입니다.

따라서 이러한 거짓 선지자의 특징을 단적으로 표현하면, 위장(僞裝)과 탐욕(貪慾)으로 가득한 자라 표현할 수 있습니다. 진리와 정의는 그 자체가 공명정대한 것이므로 숨길 필요가 없으나, 거짓 선지자는 자신이 비진리이므로 항상 위장하고 나옵니다. 따라서 성도들은 이를 판단할 능력이 필요합니다(요일 4:1-3). 그리고 참 선지자는 이타적인 동기에서 자기를 죽이고 진리를 전하나, 거짓 선지자는 이기적인 동기에서 자기 한 몸을 살리기 위해 남을 죽입니다. 그러므로 진리를 전한다 해도 이기적 목적이면 거짓 선지자요, 순수한 동기에서 전한다 해도 비진리를 선포하면 그 또한 거짓 선지자입니다. 2000년 기독교사는 이런 거짓 선지자가 수없이 멸망하였음을 잘 보여 줍니다.

그렇다면 이와 같은 거짓 선지자는 어떻게 거짓임이 들어나는 것일까요? 사실 거짓 선지자는 앞서 언급한 바와 같이 양의 옷을 입었기에 외양상으로는 판단이 쉽지 않습니다. 여기 나무 비유에서 보는 바와 같이 처음 나무를 심을 때, 모두 좋은 나무로 알고 심는 것이 당연하고, 또한 좋은 열매를 기대합니다. 그런데 나무가 자라면서 제대로 영글지 못하는 열매를 맺는 나무가 있는 것입니다. 그래서 성경은 좋은 나무는 마치 의와 선의 비유로 아름다운 열매인 포도와 무화과(σταφυλὰς, σῦκα)를 맺듯이, 나쁜 나무는 가시와 엉겅퀴(ἀκανθῶν, τριβόλων)로 비유되는 죄의 결과인 나쁜 열매를 맺게 된다는 것입니다. 그러나 여기서 결과인 열매(καρπῶν)를 말한다고 해서, 그 과정은 문제가 되지 않는다고 보아서는 안 됩니다. 왜냐하면 과정이 나쁘면 결과도 그렇게 드러날 것이기 때문입니다.

이처럼 거짓 선지자는 자신의 가르침이 진정성에 기초한 끊임없는 성실과 인내를 통하여 회개와 중생의 결단인 좋은 열매로 나아가는 데 도움을 주는 것이 아니라, 성도들을 넓은 문으로 들어가게 만들고 또한 자신의 사리와 사욕으로 사실상 노략하는 이리와 같은 자들입니다. 겉으로는 겸손과 사랑의 옷을 입고 있지만, 속으로는 자기의 배를 위한 이리인 것입니다. 주님은 이와 같은 자들이 바리새인 무리와 같은 자들로, 그들의 잘못에 대하여 이렇게 경고하셨지만, 오늘의 우리 상황을 본다면 하나님의 교회를 바르게 세우지 못하게 하는 삯군들이 바로 이와 같은 자들에 해당할 것입니다. 다만 이 말씀을 선지자 노릇을 하는 무리에만 적용할 것이 아니라, 모든 성도들에 그 적용을 확장해야 합니다. 모든 성도들 역시 가시와 엉겅퀴가 아닌 좋은 포도와 무화과를 맺어야 하는 것이기 때문입니다.

마지막으로 이와 같은 거짓 선자에 대한 결과는 어떻게 되는가요? 성경은 "아름다운 열매를 맺지 아니하는 나무마다 찍혀 불에 던져지느니라"라고 말합니다. 말하자면 하나님은 거짓 교훈과 나쁜 사상을 전하는 무리에 대해서는 반드시 심판이 있다는 것입니다. 이 말씀에 대한 더 명확한 이해는 아래 22절에서 다시 볼 것입니다. 거짓 선지자들은 바로 불법을 행하는 자들입니다. 이 시대에 거짓 선지자를 잘 분별할 수 있는 지혜를, 그래서 이와 같은 거짓 선지자들에 놀아나지 않기 위해 "거짓 선지자들을 삼가라"(Προσέχετε ἀπὸ τῶν ψευδοπροφητῶν)는 말씀에 귀기우려야 합니다. 여기서 '삼가라'는 단어는 '마음을 단단히 붙잡으라'(to hold the mind), 그리고 '주의를 기우리라'(pay attention to)라는 말씀입니다.

7장 21절-23절 불법을 행하는 자들아

21 나더러 주여 주여 하는 자마다 다 천국에 들어갈 것이 아니요 다만 하늘에 계신 내 아버지의 뜻대로 행하는 자라야 들어가리라

22 그 날에 많은 사람이 나더러 이르되 주여 주여 우리가 주의 이름으로 선지자 노릇 하며 주의 이름으로 귀신을 쫓아내며 주의 이름으로 많은 권능을 행하지 아니하였나이까 하리니

23 그 때에 내가 그들에게 밝히 말하되 내가 너희를 도무지 알지 못하니 불법을 행하는 자들아 내게서 떠나가라 하리라

우리는 바로 앞 대지에서 "거짓 선지자들을 삼가라"는 말씀을 중심으로 살폈는데, 여기 말씀도 동일 선상에서 이어지는 말씀들입니다. 21절은 "나더라 주여, 주여 하는 자마다 천국에 들어갈 것이 아니요"로 시작됩니다. 그런데 이 말씀만 분리시켜 보면

모든 성도들을 그 대상으로 하신 말씀처럼 보입니다. 즉, 신자들이 주님을 주여, 주여 하는 것만으로 천국에 들어갈 수 없음을 지적한 것으로 볼 수 있기 때문입니다.

그러나 이 말씀은 바로 이어지는 22절과 23절을 연결시켜 읽어야 합니다. 따라서 여기서 말하는 "주여, 주여 하는 자"들은 '선지자 노릇'(ἐπροφητεύσαμεν)을 하며, 귀신을 쫓아내는 은사를 베풀며, 주님의 이름으로 권능(δυνάμεις)을 행하는, 그래서 겉으로 보면 대단히 믿음이 있고, 능력 있는 주의 종으로 평가받을 수 있는 자들을 말합니다. 물론 이와 같은 종들은 대부분 신실한 종들일 수 있습니다. 그런데 주님은 이와 같은 능력을 펼친다고 하더라도, 21절 후반 절에서 말하는 바와 같이 "하늘에 계신 아버지의 뜻을 행하지 못하는 자"들이라면, 사실상 23절 후반 절에서 보는 바와 같이 "불법을 행하는 자들"(οἱ ἐργαζόμενοι τὴν ἀνομίαν)로, 결코 천국에 들어갈 수 없다 하십니다.

사실 우리는 능력 있는 주님의 종들, 그리고 신실한 성도란 본문에서 보는 바와 같이 말씀을 멋지게 풀어서 잘 전하는 그래서 선지자 노릇을 잘해 내는 자들, 또한 귀신도 쫓아내는 초능력을 입은 자들, 그리고 또한 나아가 주의 이름으로 많은 권능을 행하고 있다면, 이들이야말로 천국에 가장 먼저 자신 있게 들어갈 수 있는 자격을 가진 자들이라 여깁니다. 그런데 주님은 결코 그렇게 말씀하고 계시지 않는다는 데 문제가 있습니다. 심지어 이들을 향하여 23절 후반 절에는 심판 날에 주님께서 "내가 너희를 도무지 알지 못하니 불법을 행하는 자들아 내게서 떠나가라"라고 하리라 말씀하신다는 것입니다.

그렇다면 진정으로 천국(βασιλείαν)에 들어갈 수 있는 자들은 누구일까요? 주님은 어떤 자들을 천국에 들어갈 수 있는 자격을 가진 자들도 보시는 것일까요? 그에 대한 답은 "하늘에 계신 내 아버지의 뜻대로 행하는 자라야 들어가리라"(ἀλλ᾽ ὁ ποιῶν τὸ θέλημα τοῦ Πατρός μου, τοῦ ἐν τοῖς οὐρανοῖς)라 하십니다. 이 말씀을 간단히 줄여본다면, 참된 믿음을 가진 자들이 천국에 들어갈 수 있다고 바꿀 수 있을 것 같습니다. 그렇다면 참된 믿음이란? 참된 믿음이란 "하나님의 뜻을 아는 믿음입니다." 물론 여기서 안다는 것은 단순히 지적으로 이해하는 정도로만 끝나서는 안 됩니다. 성경 여러 곳에서 안다고 말할 때, 이는 단순히 지적인 것에 그치는 것이 아니라, 하나님과의 인격적인 관계 속에서 아는 것을 말합니다. 마치 부부가 결혼 생활을 통해서 서로를 알듯이….

그리고 참된 믿음은 성경 말씀을 통하여 하나님을 구체적으로 만나고, 그분과의 인격적인 관계 속에서 "하나님의 뜻을 행하는 믿음이다". 야고보 사도도 "행함이 없는 믿음은 죽은 것"이라 하였습니다. 다만 여기서 행함이 마치 율법을 지키는 것처럼 행위로 구원을 얻는 믿음을 말하려는 것이 아님을 주의해야 합니다. 여기서의 행함은, 하나님과 인격적으로 만난 자들이 자연적으로 하나님의 뜻을 따라 산다는 점에서 말하는 "행함이 있는 믿음"인 것입니다. 즉, 하나님과 깊은 영적인 교제에 있는 자는, 행하지 말라 하더라도 오히려 행함으로 하나님의 뜻을 이루어간다는 것입니다.

이런 점에서 볼 때 우리는 앞서 불법을 행하는 자들이라 주님의 비방을 받는 자들은, "주여, 주여"라는 말은 할지라도, 그의 모든 일은 하나님의 뜻을 행하는 것이 아니라 자신의 영광을 위한, 자신을 위하여 행하는 자들인 것입니다. 겉으로는 하나님의 영광을 위한 것으로 멋지게 포장을 하지만, 사실은 하나님의 영광을 가로채고 있는 모습이 우리들의 신앙생활 중 얼마나 많은가요? 함부로 "하나님의 영광을 위한 박수를 치지 말라." 그 중심에 하나님이 계신 것처럼 여겨지지만, 사실은 그 영광을 그대들이 가로채고 있을 수 있기에…. 종교적인 열심은 있지만, 그 속에 하나님의 뜻을 행함이 없다면 불법을 행하는 자들입니다.

7장 24절-27절 반석 위에 지은 집

24 그러므로 누구든지 나의 이 말을 듣고 행하는 자는 그 집을 반석 위에 지은 지혜로운 사람 같으리니

25 비가 내리고 창수가 나고 바람이 불어 그 집에 부딪치되 무너지지 아니하나니 이는 주추를 반석 위에 놓은 까닭이요

26 나의 이 말을 듣고 행하지 아니하는 자는 그 집을 모래 위에 지은 어리석은 사람 같으리니

27 비가 내리고 창수가 나고 바람이 불어 그 집에 부딪치매 무너져 그 무너짐이 심하니라

우리는 이제 산상수훈의 마지막 종착점에 도달했습니다. 이 마지막 부분에 주님께서는 "반석 위에 지은 집"과 "모래 위에 지은 집"을 대조시키고 있습니다. 그리고 이러한 집이 비가 내리고 창수가 나고 바람이 불어 부딪칠 때, "무너지지 않는 집"과 "무너짐이 심한 집"으로 그 결과를 대조시키십니다. 우리는 여기서 반석과 모래의 의미를 살피고, 나아가 비와 창수와 바람이 집에 부딪

히는 의미를 살필 것입니다. 그리고 결론으로 주님께서 말씀하시고자 하시는 논점을 정리하고자 합니다.

먼저 반석과 모래 위에 지은 집이라고 할 때, 반석과 모래의 의미는 어떤 것인가 살펴보도록 하겠습니다. 통상 반석이라 하면 흔히 집을 지을 때 주춧돌 정도로 생각하는 경향이지만, 여기서 말하는 반석은 그것과 좀 다릅니다. 성경은 반석을 πέτραν(pe-tran)이라고 적고 있습니다. 이는 우리가 잘 알고 있는 petra를 말합니다. 즉, 여기서 말하는 반석은 바로 요새와 같은 바위 절벽을 말하며, 그와 같은 절벽 위에 집을 세운 것을 말합니다. 이에 반하여 모래는 ἄμμον이라고 적고 있는데, 이는 평소에는 강바닥이 드러나 있지만 비만 조금 오면 곧 물이 불어 급류로 변하는 팔레스틴 특유의 지형인 와디(wadi)의 모래를 염두에 둔 것이며, 이러한 모래 위에 지은 집을 말합니다. 이처럼 주님의 말씀은 영생하신 하나님의 말씀이니만큼 반석과 같아서 하나님께서 그것을 언제나 감시하시며, 또 그것을 가지시고 능력을 행하십니다(히 4:12, 13). 그러나 거짓 선지자의 말은 죽은 것과 같아서 생명의 능력이 없고 바람에 불리는 모래와 같습니다.

그런데 이와 같이 집을 반석 위에 짓거나 아니면 모래 위에 지은 집은 "비가 내리고 창수가 나고 바람이 불어"(ἡ βροχὴ, καὶ ἦλθον οἱ ποταμοί, καὶ ἔπνευσαν οἱ ἄνεμοι) 그 집에 부딪힐 때 위의 요새와 같은 반석 위에 지은 집과 달리, 와디의 모래 위에 지은 집은 그 무너짐이 심할 것이라 하십니다. 즉, 이 말씀은 마지막 종말에 가서 심판이 있음을 보여 주는 말씀입니다. 그래서 주님은 "나의 이 말을 듣고 행하는 자", 즉, 지금까지 말씀하신 그 가르침을 따라 "행하는"(ποιεῖ) 사람은 지혜로운 사람이지만, 주님의 가르침을 따라 "행하지 않는"(μὴ ποιῶν) 사람은 어리석은 사람으로, 그 결국은 분명히 달라질 것임을 보여 주고 있습니다. 즉, 지혜로운 사람은 생명의 구원으로, 어리석은 사람은 사망의 심판으로 끝을 맺게 될 것입니다. 그리고 여기서 "행한다"는 말은 곧 순종을 의미합니다. 따라서 우리는 하나님의 말씀에 대한 순종의 기초만이 심판을 견딜 수 있는 것입니다. 이 순종은 회개와 함께 행위에 의한 구원의 거절, 그리고 자비로운 방법을 통하여 구원하는 하나님의 은혜에 대한 전적인 신뢰를 요구하는 것입니다(약 1:22-25).

그러나 더 나아가 이 말씀은 성도들이 세상 속에서 살아가는 동안에 자신의 가치관을 어디에 두고 있는가에 따라 무너지지 않는 집과 무너짐이 심한 집으로 드러나게 된다고도 볼 수 있습니다. 다시 말하면 주님께서 그동안 산상수훈을 통하여 교훈하신 말씀에 기초하여 집을 지은 사람과, 그렇지 못한 세상적인 가치관에 기초하여 집을 지은 사람은, 각각 그들의 삶 가운데 다양한 시련과 고난을 만날 때에도 믿음 안에 든든히 서 있을 수 있는 자가 있는가 하면, 약간의 어려움에도 낙심하고 좌절할 뿐만 아니라 그 믿음이 무너짐을 당하는 사람이 있다는 것입니다.

이상에서 보는 바와 같이 신앙의 결단과 실천 여부가 이처럼 극단적인 건축 터전의 선택에 비유되는 것은 신앙 결단의 긴박성과 엄정성을 새삼 느끼게 해 줍니다. 한편 신앙생활을 건축에 비유한 것은 고전 3:10-15에도 나오는데, 이곳에서는 건축 재료의 선택 문제, 즉 건축의 성실성 문제를 중심으로 다룬 것으로, 우리는 마태복음과 고린도전서의 이 두 복음을 종합해 보면 건축 터전의 선택에도 현명해야 하며, 나아가 재료와 건축 방법에 있어서도 역시 성실해야 함을 알 수 있습니다.

사실 산상수훈의 말씀은 세상적인 가치와 어쩌면 거꾸로 되어 있다고 보아도 무방할 것 같습니다. 따라서 세상에 발을 딛고 사는 성도들에게도 그리 녹록한 말씀은 아닙니다. 그러나 복음의 본질 앞에서 우리가 어떤 반응을 보여야 할 것인가는 명약관화

(明若觀火)한 것이 아니겠습니까? 그런데 너무나 많이 현실은 뒤틀려 있습니다. 굳이 쟈크 엘륄(Jacques Ellul)의 "뒤틀려진 기독교"라는 책의 내용을 언급하지 않더라도….

7장 28절-29절 무리들이 그의 가르치심에 놀라니

28 예수께서 이 말씀을 마치시매 무리들이 그의 가르치심에 놀라니
29 이는 그 가르치시는 것이 권위 있는 자와 같고 그들의 서기관들과 같지 아니함일러라

우리는 이제 산상수훈을 마치면서, 마지막으로 저자 마태가 28절과 29절에서 보는 바와 같이 주님의 가르치심이 서기관들과 같지 않음에 무리들이 놀랐다고 적고 있는데, 그 이유를 보면 그의 가르치심이 권위 있는 자와 같고 그들의 서기관들과 같지 않았기 때문이라 적고 있습니다. 그렇다면 서기관들의 가르침은 어떠했기 때문일까요? 그리고 여기서 놀랐다는 말의 본래적 의미가 무엇인가에 대하여 살피며 "45일의 성경 읽기, 산상수훈"을 끝내기로 하겠습니다.

사실 바리새인과 여기 나오는 서기관들은 그들이 율법을 말하지만, 그가 율법을 말할 때는 다른 사람을 들어 말함으로써 자신의 권위를 세우려 하였습니다. 예를 들면 모세의 율법을 가르친다는 것을 무리들에게 들어냄으로써, 자신의 우월성과 또한 권위를 세워나갔던 것입니다. 그러나 주님은 하나님의 대변자로서, 주님의 권위는 모세의 율법을 말함으로써가 아니라 하나님으로부터 주어진 권위자이셨기에 서기관들의 가르침과 달랐습니다. 그러므로 주님은 율법을 가르치실 때, 마치 모세로부터 주어진 것처럼 가르치는 서기관들처럼 남의 사상을 취급하는 듯이 하시지 않고, 모세의 율법은 하나님이신 예수님 자신이 모세에게 주셨던, 바로 자신의 사상을 가르치신 것입니다. 따라서 이는 마치 빛으로 말하면, 발광체와 반사체, 직접과 간접의 차이라 할 수 있을 것입니다.

따라서 이와 같은 가르침에 무리들이 놀라지 않을 수 없었을 것입니다. 그런데 여기서 "놀라다"(ἐξεπλήσσοντο)라는 말은 그의 가르침에 충격을 받았다. 또는 압도당했다는 의미입니다. 이것은 강하고 급작스런 놀람의 감정이며, 흔히 "놀라다"라는 말(thaumazo)보다 훨씬 강한 표현입니다. 마태는 이 단어를 마태복음에서 네 번이나 사용하였습니다(7:28; 13:54; 19:25;

22:23).

이제 우리는 주님의 가르침을 따라 산상수훈을 모두 살펴보았으니, 마태가 말한 바와 같이 주님의 권위에 무리들이 충격과 압도를 당하듯이 우리 역시 주 앞에 순복하는 성도가 되어야겠습니다. 사실 산상수훈의 말씀대로 실천하며 산다는 것이 그리 쉬운 일은 아닐지라도, 우리는 새롭게 각오하고 새로운 가치관으로 세상을 이기고 죄를 이기고 자기를 이기도록 성령님의 역사를 간구해야겠습니다. 모든 공교회의 성도들에게 평안을 기원합니다.

에필로그

에필로그

제가 대학에서 한 전공은 법학입니다. 그리고 오랜 시간 강단에서 학생들을 가르쳤던 과목 역시 형법, 법철학 및 행정법이라는 법 과목이었습니다. 따라서 법과 성경은 그리 연계 고리가 없는 것 같이 느껴질 것입니다. 그런데 외래교수로 수년간 고신대학에서 생활법률과 법학개론을 강의하면서, "법과 인간"이라는 영역을 중심으로 다소 생소한 부문이기는 하지만, 제 나름으로 법신학(法神學, Rechtstheologie)을 강의했던 적이 있습니다.

법신학이란, 법이라는 영역을 신학의 관점에서 연구하고 그 관계를 확립하는 부분으로, 우리나라 대학에서 이런 과목을 가르치는 학자를 찾기는 어렵지만, 독일에는 Erik Wolf와 같은 학자가 있었습니다.

법신학적인 관점에서 본 법이란 하나님이 하나님 되심에도, 그의 한없는 은혜와 사랑으로 하나님이 우리의 선한 이웃이 되셨습니다. 따라서 우리 또한 이와 같은 사랑을 입은 자들이기 때문에, 우리의 이웃과 연대성을 지니고 선한 이웃이 되어야 한다는 원리, 곧 사랑의 이웃법과 연대성의 원리가 법신학의 기초입니다. 그리고 이 기초의 가장 핵심은 산상수훈의 황금률입니다(마 7:12).

오늘날 우리가 보고 접하는 법은, 마치 권력이 기초가 되어 있고, 힘이 작용하는 영역처럼 보이지만, 사실은 황금률에 기초한 산상수훈이 말하는 법원리는 권리보다는 의무입니다. 따라서 법은 우리가 주장하고 누릴 권리이기 이전에, 우리가 우리 옆에서 만나는 이웃과 사랑의 법, 연대성의 원리를 따라 지켜야 할 도리, 곧 책무이며 의무라는 사실입니다.

이러한 원리를 알게 한 것은, 제가 전공한 어떤 법 서적이나 법철학보다는 주님의 산상수훈에서 터득한 바가 큽니다. 특히 앞서 살핀 바와 같이 원수를 사랑하는 법, 오리를 가자고 할 때 십 리를 동행하는 법, 속옷을 취하려 할 때 겉옷까지 내어주는 법을 가르치고 있는 주님의 말씀은, 마치 세상적으로는 바보 같고 어리석어 보여도, 사랑의 이웃법, 그리고 연대성에서 보면 당연합니다.

그래서 프랑스의 쟈크 엘륄이 쓴 "뒤틀려진 기독교"(대장간)라는 책에서 참된 기독교의 원리가 산상수훈에 있음에도, 이것과는 정반대로 뒤틀려진 모습이 기독교 안에서 발견되고 있음에, 이 책은 이 점을 안타까워했습니다.

성경을 다독하는 성도들을 볼 때 참 존경스럽습니다. 그런데 저는 성격상 다독이 잘 안됩니다. 오히려 성경 구절 한 절 한 절, 그 어휘의 어원을 찾아가면서 상고하는 습관이 오래전부터 들어 있기 때문입니다. 그러다 보니 때로는 성경 한 구절에 오랜 시간 매달리기도 합니다. 비록 헬라어를 전공한 것은 아니지만, Strong Code의 도움을 받아 깊은 의미를 발견하기도 합니다.

그동안 전공은 이처럼 법학이었지만, 사도행전, 요한복음의 일부(6장), 그리고 바울서신을 중심으로 주석이라 하기엔 부족함이 많지만, 그럼에도 주해식으로 로마서, 갈라디아서, 에베소서, 빌립보서, 골로새서, 디모데전후서, 디도서와 빌레몬서를 끝냈습니다. 이제 남은 고린도전후서와 지금 작성 중에 있는 데살로니가전후서만 살피면, 바울서신은 끝납니다. 그리고 이 내용들은 저의 블로그(구모영박사의 이야기 마당: https://blog.naver.com/lawpa)에 올려서 공교회 성도들과 지금도 서로 공유하고 있는 중입니다.

　다만, 평신도가 이런 일을 한다는 것이 참으로 주제넘은 일이 기는 하지만, 어쩌면 저에게 주어진 작은 소명으로 여기고, 지금 까지 이렇게 해 왔습니다. 그리고 여기 언양으로 이사 오기 전 장로로 시무했던 교회에서는 칼빈의 기독교강요를 2년간 주일 오후 예배 시 특강으로 전 영역을 끝맺기도 했습니다.

　너무 서론이 길어진 것 같으나, 제법 많은 영역에 걸쳐 성경을 살피고 있기는 하지만, 그럼에도 가장 저의 마음에 깊은 여운을 준 것이 산상수훈이었습니다. 그 이유는 저의 법신학의 기초를 제공해 준 것도 있지만, 무엇보다 "이미와 아직이라는 시간을 살고 있는 천국 시민이 아직이라는 이 세상에서, 어떻게 구별된 그리스도인으로서의 삶을 살아내려 노력해야 하는가"라는 질문에, 그 답을 볼 수 있는 곳이 산상수훈이기 때문입니다.

　아침 해가 떠오를 때면 다윗처럼 오늘도 잠이 들고 일어날 수 있어(시 3:5) 참 감사한 일입니다. 그러나 저녁 햇살이 서산을 넘고, 진 붉은 노을이 서쪽 하늘 언저리에 걸치는 노을길을 걸을 때면 생각이 더 깊어집니다. 이제 제 나이 노을길과 같기 때문이라 그런지 모르지만, 남은 날을 계수해야 하는 시간 위에 서 있기 때문이겠지요.

저에게 주어진 남은 시간이 얼마인지 저는 알 수 없습니다. 마치 바닷가에서 모래 장난을 하던 어린아이들이 제 부모가 "이제 그만 놀고 가자" 하면, 손을 털고 가야 하듯이…. 아직은 아니라면, 오늘이라는 하루, 최선을 다해 살아보아야겠습니다. 무엇보다 주님께서 가르쳐 주신 산상수훈의 교훈을 따라, 조금이라도 제자도에 가까워질 수 있도록….

"45일 성경 읽기, 산상수훈", 이 책을 쓰는 과정에 칼빈의 기독교강요, 성경신학 스터디 바이블, 스터디 바이블 ESV, 맥아더 성경 주석, 톰슨2, IVP 성경배경주석, 박윤선 마태복음, 루이스 바비에리의 마태복음, 그리고 특히 "바이블 허브"https://biblehub.com/를 통한 헬라 성경의 Strong Code를 볼 수 있어 참 좋았습니다. 성경 공부를 위해 Logos 프로그램도 유용하지만, 저는 바이블허브도 참 유용한 것 같았습니다. 이 자리를 빌려 고마움을 전합니다.